프랑스학에 기반을 둔

대학 상호문화교육

L'éducation interculturelle à l'université : une perspective offerte par les études françaises

〈윤 소 영〉
Soyoung Yun-Roger

박영story

Préface

Soyoung Yun-Roger est une médatrice infatigable de la relation entre cultures coréenne et française. Cet ouvrage prolonge et approfondit ce que ses nombreux articles ont déjà rendu effectif : l'exigence du chercheur, articulée à une pédagogie patiente et éclairée.

Dans cet ouvrage, Mme Yun-Roger explicite les travaux européens et francophones qui ont lesté un secteur de recherches universitaires articulé avec les sciences du langage, de l'éducation, des technologies de l'information et de la communication, désormais devenu discipline à part entière, généralement appelé la « pédagogie interculturelle », ici appliqué à l'enseignement des langues en général et des études françaises en particulier. Mais Soyoung Yun-Roger ne se contente pas d'une simple présentation des courants existants qui livrerait les clés d'un espace de réflexion, aussi commenté que méconnu, et qui pourrait également être interprété comme un hommage inconditionnel à des courants de recherche situés en Europe.

L'originalité de sa réflexion est ailleurs et se calibre autour de deux choix méthodologiques car son propos est centré non seulement sur le contexte coréen, mais aussi sur les étudiants coréens. Si Mme Yun-Roger prend appui sur un présupposé méthodologique désormais acquis dans l'espace des recherches interculturelles – culture maternelle de l'apprenant et culture étrangère s'interprètent en miroir et non dans la succession de leurs apprentissages – Soyoung Yun-Roger ré-écrit les travaux européens existants pour les soumettre aux spécificités de ces deux cultures distantes, coréenne et française. Alors que l'Europe joue la proximité historique des appartenances de tout citoyen européen, en dépit de ses démentis actuels, Mme Yun-Roger ouvre la voie en décryptant la distance culturelle entre l'Europe et ce que les Européens appellent trop facilement « l'Asie ». Les concepts de « stéréotype » et de « préjugé » y sont de la sorte dynamisés.

Par ailleurs, s'appuyant sur l'expérience des cours donnés dans le cadre des départements de français des universités de Séoul, cours largement plébiscités par les étudiants, cet ouvrage concilie un cadre théorique renouvelé et une démarche concrétisée par un appareil pédagogique immédiatement applicable dans le cours de français. Objectifs, « boîtes à connaissance »(지식박스), témoignages, mise en abyme de l'expérience, place attribuée aux « savoirs » et évaluation finale instruisent une *démarche* qui met en avant les étapes d'une interprétation guidée. Voilà un « manuel » dans le sens noble du terme : les présupposés théoriques se traduisent dans les allers et retours entre guidage de l'enseignant et réactions progressivement distancées des étudiants.

Le rôle du médiateur est ici exemplaire : il n'est pas fondé sur l'auto-proclamation d'une position personnelle façonnée par les aléas de la vie, il est pas à pas construit méthodologiquement, sur la base de l'expérience explicitée. Gageons que l'originalité de cet ouvrage fera date car sa plus-value théorique et pédagogique est patente.

Geneviève Zarate
Professeur des universités émérite,
Institut national des langues et civilisations orientales, Paris

감사의 글

한 권의 저서를 출간하기까지는 긴 여정이 필요하다. 여정을 동반해 준 고마운 분들께 이 자리를 빌려 감사의 마음을 전하고자 한다.

우선 바쁜 일정에도 불구하고 시간을 내어 본서의 서문을 써 주신 프랑스 국립동양학대학의 쥬느비에브 자라트 교수님께 깊이 감사드린다.

다음으로 초고를 읽어 준 학생들과 강의실에서 힘찬 반응을 보여 준 학생들, 지적 자극과 아낌없는 격려로 용기를 북돋아 준 프랑스와 한국의 동료들에게도 깊은 감사를 표하고 싶다.

뜻과 열정을 담은 모든 시도에 있어 언제나 나의 든든한 후원자이자 활력소인 사랑하는 가족들에게도 고마움을 전한다.

마지막으로 이 책의 출판을 가능케 해 주신 도서출판 박영사의 관계자분들, 특히 박영스토리의 안상준 상무님, 탈고까지 많은 인내심과 신뢰를 보여 주신 이영조 차장님, 세심하게 편집 및 교정 작업을 해 주신 전채린 대리, 표지 디자인의 조아라 대리, 그리고 그 외 편집부 일동에게 심심한 감사를 드리며 회사의 무궁한 발전을 기원하는 바이다.

2016년 3월

윤 소 영

차　　례

CHAPITRE 1 들어가며

1. 집필 동기 및 대상 ········ 2
2. 상호문화교육을 위한 프랑스학 ········ 4
3. 참조기준과 단원 세부교육목표 ········ 6
4. 본서의 구성 ········ 8
5. 단원 구성 요소 ········ 10

CHAPITRE 2 정체성

1. 정체성의 복수·복합성 ········ 17
2. 정체성 형성의 역동성 ········ 21
3. 정체성의 상대성 ········ 22
4. 타자에 의한 강압적 정체성 축소와 그 감정효과 ········ 25
5. 정체성의 가변성 ········ 28
6. 정리 및 상호작용상황에의 적용 ········ 31

CHAPITRE 3 고정관념과 편견

1. 범주화, 고정관념, 편견 34
2. 수용하기 어려운 이질성과 관용 41
3. 고정관념과 편견 형성 메커니즘 44
4. 고정관념과 편견의 요인 및 문제점 49
5. 고정관념과 편견의 저항 속성 53
6. 고정관념과 편견의 상호성 57

CHAPITRE 4 자민족중심주의

1. 자문화의 프리즘 63
2. 외부의 시선으로 자문화 바라보기 69
3. 동일 사물에 대한 인식의 차이 72
4. 이해하기 어려운 타문화 상황 75
5. 성공적인 상호문화소통을 위한 탈중심화 77

CHAPITRE 5 가치체계의 대립

1. 동일 행동, 다른 가치 88
2. 가치체계의 대립과 갈등 90
3. 갈등의 다양한 요인들 99

CHAPITRE 6 다양성과 사회

1. 다양성 관리 과제 ······ 109
2. 억제하기 힘든 결과로서의 다양성 ······ 111
3. 공동운명체 인식 ······ 114
4. 문화적 복수성과 새로운 풍요로움 창출 ······ 116
5. 이질성을 뛰어넘은 결속력 강화 요인 ······ 123

CHAPITRE 7 나 오 며 130

참고자료 I : 본서에서 선정 · 활용한 CARAP 기술항 원문 목록 ······ 135
참고자료 II : 상호문화지식 및 상호문화적 배움 목록 ······ 139
참고자료 III : 프랑스학과(Département d'études françaises) 수업과 상호문화교육 ······ 145

참고문헌 ······ 150

찾아보기 ······ 158

프랑스어 차례 ······ 160

프랑스어 요약 ······ 162

CHAPITRE 1

들어가며

Introduction

CHAPITRE 1

들어가며

Introduction

1. 집필 동기 및 대상

급증하는 이동(mobilité), 유목성(nomadisme), 복수성(pluralité), 혼성(hybridité)으로 점철된 현대사회에서 문화적 다양성은 이미 주어진 삶의 조건이자 되돌릴 수 없는 현상으로 자리 잡고 있다.

문화적 다양성이 존재하는 사회에서 대두되는 매우 중대한 과제 중 하나는 바로 타자의 이질성을 껴안고 더불어 살아가기(vivre ensemble)라는 과제다. 그런데 이질성과 더불어 살아가려는 마음가짐은 천성적으로 갖고 태어난 것이라기보다 후천적인 학습과 노력을 통하여 얻어지는 것이기에, 이질성과의 만남을 조정하고 관리하면서(gérer la rencontre avec l'altérité) 함께 살아가려는 마음가짐과 방법을 적절한 교육을 통해 익힐 필요가 있다. 상호문화교육은 바로 이와 관련된 교육이다.

상호문화교육은 문화적 다양성의 일상화라는 새로운 패러다임에 의해 재구성된 현대사회에서 점차 증대되는 이질성과의 접촉을 일상적으로 관리하고 조정하며 살아가야 하는 오늘날 모든 현대인에게 필요한 핵심 교육이다.

본서에서 우리는 상호문화교육을 M. Byram & G. Zarate(1997)에서의 savoir-être(태도 능력)에 관한 논의와 G. Zarate(1986, 1993)의 논의를 바탕으로 "문화적 이질성을 지닌 개인들이 서로 접촉하고 상호작용하는 상황에 대처하기 위한 바람직한 태도 교육"이라 정의하고자 한다. 이렇게 정의하였을 때 상호문화교육에 있어 강조점이 놓이는 곳은 단연 '문화'가 아닌 '개인'

이며, 교육의 목적 또한 특정 문화에 대한 '지식의 습득'이 아닌 이질적 타자와의 관계맺음 및 상호작용 상황에 대비한 개개인의 '태도 형성'이다. 이런 의미에서 상호문화교육은 인간관계에 관한 교육이자 인성 교육이며 다양성의 패러다임이 지배적인 현대사회에서 새롭게 요구되는 사회화 교육이기도 하다.

사실 인류의 역사상 서로 다른 문화권 사람들 간의 접촉은 늘 있어 왔다. 그러나 이질적인 문화와의 접촉이 현 시대만큼 일상화되고 나날이 증대되던 시기는 일찍이 없었다. 따라서 다양한 문화 간의 접촉 상황을 슬기롭게 조정하는 일은 오늘날 현대사회를 살아가는 모든 이들에게 매우 중대한 과제가 되었으며, 이는 국내·외적으로 타문화권 출신의 사람들과 전례 없이 빈번한 접촉 기회를 갖게 된 한국인의 경우도 마찬가지다.

우리는 특히 본격적인 사회 진출을 바로 눈앞에 두고 있는 한국의 대학생들을 염두에 두고 본서를 집필하였다. 한국의 대학생들이 문화적 이질성 조정 능력을 함양할 수 있도록 그들이 공감하기 쉬운 구체적 사례를 들면서 '문화적 이질성을 껴안고 함께 살아가기'에 대한 대중친화적 저서를 집필하고자 노력하였다.

비록 조촐한 시도이나, 초·중등 교육 과정에서 문화적 이질성 조정이나 관계맺음에 대해 충분히 교육받지 못한 상태로 대학에 진학한 현 한국의 대학생들에게 유용한 교육의 하나가 되리라 사료된다.

이 책은 그러나 단지 학생들만을 위한 것이 아님을 밝혀두는 바이다. 본서는 상호문화교육을 이미 실행하고 있거나 앞으로 그 현장 실행을 계획 중인 교수자들을 위한 책이기도 하다.[1] 본서에서 다루고 있는 내용은 국내 학생들을 위한 상호문화교육의 실행에 관심을 지닌 교수자들이 함께 성찰해 보고 의견을 나눌 수 있는 일차적인 성찰 재료(matière à réflexion)를 제공해 줄 수 있다고 생각한다.

---

1) 가령 〈참고자료 III〉은 명백히 교수자용이다.

2. 상호문화교육을 위한 프랑스학

앞서 소개한 상호문화교육의 정의에서 중심이 되는 것은 '개인'이지 '문화'가 아니라고 하였다. 또한 교육의 궁극적인 목적 역시 개인의 '태도 형성'이지 특정 문화의 '지식 습득'이 아니라고 밝혔다. 그러나 이 말은 상호문화교육에서 문화가 담당하는 역할이 중요치 않다는 의미는 결코 아니다. 상호문화교육을 위해서는 '교육 도구'로서 활용할 수 있는 특정 문화에 대한 언급이 반드시 필요하다. 그것도 '상호성'의 조건을 충족시키기 위하여 하나가 아닌 적어도 둘 이상의 '개별 문화'에 관한 언급이 필요하다.

그런데 이처럼 적어도 둘 이상의 '개별 문화'를 언급하고자 하였을 때 머릿속에 떠오르는 가장 경제적이고 자연스러운 첫 번째 선택이란 우선 본인의 '자문화'를 그 중 한 문화로서 취하는 것이다. 이 책의 필자나 독자의 경우 자문화는 '한국 문화'일 것이다. 그 다음에는 자문화에 견주어 볼 만한 '타문화'를 선정하는 작업이 필요하다.

'타문화' 선정에 있어서는 크게 두 가지의 선택이 가능하다. 하나는 여러 타문화(타문화 1, 타문화 2, 타문화 3, 타문화 4 …)를 그때그때 주제에 따라 '한국 문화'에 대응해 보는 것이고, 다른 하나는 보다 전문성 있게 어떤 하나의 특정 'X 문화'를 주된 거울로 삼아 양 문화의 이질성에 대하여 깊이 파고들어가 보는 것이다. 본서에서 택한 방식은 후자다. 또한, 우리는 '타문화'인 'X 문화'로서 '프랑스 문화'를 우리의 상호문화교육을 위한 주된 도구로 삼는다는 선택을 하였다. 그 까닭을 몇 가지 들어보면 다음과 같다.

우선, '한국–프랑스'의 양 문화는 여러 차원에서 상당히, 그리고 충분히 거리가 먼 까닭에 자민족중심주의, 고정관념, 편견과 같은 상호문화교육의 핵심주제를 다루는 데 있어 '프랑스 문화'적 요소에서 매우 유용하고 변별적이며 흥미로운 사례들을 많이 얻을 수 있다는 이점을 들 수 있다. 또한, '양심사회'[2)]인 프랑스 사회에서는 다양한 문화집단 간의 가치체계의 대립이 치열

2) 조홍식(2000) 참조.

한 양상을 띠면서 매우 빈번히 발생하므로 이에 대한 이해에 있어서도 프랑스는 각별히 긴요한 사례를 다수 제공한다. 뿐만 아니라, 프랑스는 '문화적 다양성'으로부터 '새로운 문화적 풍요로움(nouvelles richesses culturelles)'을 창출해 낸 수많은 사례를 지니고 있는 대표적인 국가 중 하나라는 점 역시 '프랑스 문화' 관련 지식을 우리의 상호문화교육에 적극 활용하고자 결정하는 데 영향을 주었다.

그 밖에도, 프랑스 사회는 적어도 70년대부터 '가시화된 문화적 다양성 관리(gestion de la diversité culturelle visible)' 문제에 관해 매우 심각하게 고민해 온 나라이다. 그들의 고민을 분석해 보고 그들이 먼저 밟아간 길을 살펴보는 것은 우리 사회에 크고 작은 시사점을 던져줄 수 있으며, 향후 우리 사회의 향방을 가늠해볼 수 있도록 해 준다는 이점도 빼놓을 수 없다. 그 한 예로, 프랑스의 사례는 비교적 동질적이던 사회로부터 가시적인 다문화 사회로 이행해 가는 과정은 '그 이전 상태로 되돌릴 수 없는 과정(processus irréversible)'임을 여실히 보여준다.

끝으로 필자에게 충분히 친숙하면서도 적당히 거리가 있어 필자가 동시에 내·외부인적 시각에서 바라볼 수 있는 '타문화'가 바로 '프랑스 문화'라는 점 또한 이러한 방법론적 선택에 적지 않은 영향을 끼쳤음을 밝힌다.

이상과 같은 이유로 상호문화교육을 실행하기 위한 주된 '교육 도구'로서 '프랑스 문화' 관련 지식을 널리 활용한다는 것이 본서의 방법론적 선택이다.

이러한 방법론적 선택을 염두에 둔 채 우리가 의미하는 상호문화교육에 있어서 강조점이 놓이는 곳은 '개인'이지 '문화'가 아니라는 주장을 다시 한 번 상기해 보도록 하자. 이 말은 '프랑스 문화'가 비록 주요 교육 도구로서 빈번히 언급된다 하더라도 본서의 논의가 '프랑스 문화'에 초점이 맞추어지는 것이 아니라 그 문화를 지니고 있는 개인에게 맞춰진다는 말이다. 따라서 본문에서 '프랑스 문화'를 언급할 때라도 늘 궁극적으로는 문화 그 자체를 넘어 '프랑스 문화'적 요소를 지닌 어떤 '개인'이 '한국 문화'적 요소를 지닌 또 다른 '개인'과 '상호작용하는 상황'에 대해 다루기 위한 전단계에 불과한 것이다.

그런데 위 사실을 충분히 숙지하지 않은 상태로 '프랑스 문화'라는 표현을 접한다면, 독자의 뇌리 속에 자동적으로 자리 잡는 느낌, 즉 마치 '프랑스 문화'가 논의의 중심인듯한 느낌을 지우기 어렵다. 또한, 이런 느낌을 지닌 독자에게 '프랑스 문화'와 '한국 문화'를 견주어 언급한다면, 마치 프랑스 문화를 한국 문화와 비교하는 '비교문화'에 관한 저서인양 본서의 내용을 오해하게 만들 우려가 크다.

이와 같은 이유로 저서의 제목에서 본서의 교육 의도 및 내용을 크게 오도할 소지가 다분한 '프랑스 문화'라는 표현 대신에 '프랑스학'이라는 용어를 사용하기로 하였다. 즉, 본서에서 가리키는 '프랑스학'은 (적어도 제7장 '나오며' 단원 이전까지는) 넓은 의미에서의 '프랑스 문화 관련 지식' 정도의 의미로 이해하면 좋을 것이다. 마찬가지로, '프랑스학에 기반을 두었다'는 말은 궁극적으로는 상호문화교육을 실행하기 위한 방법으로서 '프랑스 문화 관련 지식을 주된 교육 도구로 활용했다'는 의미로 이해해 주시기 바란다.

3. 참조기준과 단원 세부교육목표

본문 각 단원의 도입부에서는 단원별 세부교육목표를 목록화하여 제시하고 있다.

본서의 세부교육목표를 설정하는 과정에서 기존 연구의 주요 성과를 반영하면서 주관성을 최대한 배제하기 위하여 문화적 복수성과 관련한 독립적인 참조기준을 활용하였음을 밝힌다. 본서에서 활용한 참조기준은 최근에 제안된 유럽평의회(Conseil de l'Europe) 발간물로서 여타 참조기준에 비해 매우 구체적이고 상세한 기술항(descripteur) 목록을 제시하고 있는 '깡들리에 외(Candelier et als., 2012)'의 "문화와 언어의 복수적 접근을 위한 참조기준(Un Cadre de Référence pour les Approches Plurielles des Langues et des Cultures, 이하 CARAP)"이다.

CARAP 참조기준의 기술항 원문을 본서의 교육의도에 맞도록 선정, 수정하는 작업을 거쳐 단원별 세부교육목표를 도출하였다. 그 도출 방식을 간략히 소개하면 다음과 같다.

첫째, CARAP 기술항들은 단순 열거식이 아니라 위계화되어 제시되며 상위 기술항은 보다 추상적이고, 하위 기술항은 보다 구체적이다. 본문 단원의 세부교육목표 설정 시 가급적 보다 구체적인 하위 기술항을 주로 참조하였다. 예를 들면, 추상적으로 기술된 상위 기술항인 “<A 13> : 적응하려는 의지 또는 유연성(°Vouloir/être disposé à° s'adapter/Souplesse°°)” 항목보다는 그와 하위관계를 이루는 보다 구체적인 기술항인 “<A 13.1> : 자신과 언어적 혹은 문화적으로 차이를 보이는 사람과의 상호작용에서 적절한 행동을 하며 적응하려는 의지, 또는 유연성에 대한 의지(Volonté °d'adaptation/de souplesse° du comportement propre dans l'interaction avec des personnes °linguistiquement/culturellement° différentes de soi)”를 단원 세부교육목표 설정 시 주된 참조 기술항으로 활용하였다.

둘째, 선정한 하위 기술항 중에서도 모든 내용을 취하지 않고 필요한 부분만을 발췌하여 활용하였다. CARAP는 문화적 복수성뿐 아니라 언어적 복수성까지도 늘 함께 다루고 있는 방대한 양의 참조기준이기에, 본서의 교육 목표에 직접적으로 유의미하다고 판단되는 ‘문화적 복수성’ 부분만을 고려해 넣었다. 가령, 위에서 언급하였던 <A 13.1> 기술항에서 ‘언어적 복수성/이질성’ 부분인 “자신과 언어적으로 차이를 보이는 사람(personnes linguistiquement différentes de soi)” 부분은 본서의 세부교육목표에 포함시키지 않았다.

셋째, 이처럼 CARAP 기술항 목록에서 선정한 뒤 ‘가지치기’를 하여 도출해 낸 세부교육목표가 있는 반면, CARAP 참조기준에 나오는 다소 중립적인 기술항들을 주목하는 상황, 즉 ‘문화적 이질성을 지닌 개인 간 상호작용하는 상황’에 맞추어 재구성하거나, 독자적인 기술항을 만들어 세부교육목표에 포함시킨 경우도 있다. 가령 제3장 고정관념과 편견 단원의 “<고편3>: 고정관념과 편견이 형성되는 메커니즘에 대해 이해한다”와 같은 세부교육목표는 CARAP에서는 따로 언급되어 있지 않으나 본서의 필요에 의해 독자적인 세부

교육목표로 설정하여 교육목표 목록에 추가하였다.

결론적으로, CARAP 기술항 자체가 아무런 수정 없이 그대로 본서의 단원 세부교육목표로 제시된 경우는 드물다. 그러나 CARAP 참조기준은 우리가 제안하는 상호문화교육의 주제 선정, 세부교육목표 설정, 상호문화활동 구상 등의 각 단계에서 말 그대로 매우 중요한 '참조기준'으로서 사용되었음을 밝힌다. 본서에서 선정하여 중점적으로 참조한 CARAP 기술항 원본은 [참고자료 I]에서 한데 묶어 제시하였다.

4. 본서의 구성

상호문화교육이 각별히 긴요한 상황은 특히 이질성 간의 만남에서 발생할 수 있는 오해나 갈등의 상황이라는 점에 주목하여, 본서에서는 문화적 이질성을 지닌 개인 간 상호작용에서 소통의 주된 장애요인으로 작용할 수 있는 크게 세 가지의 요인을 각각 세 단원에 걸쳐 실었다. 제3장의 고정관념과 편견, 제4장의 자민족중심주의, 제5장의 가치체계의 대립 단원이다.

그리고 위의 세 단원을 좀 더 일반적인 내용의 정체성 단원(제2장)과 다양성과 사회 단원(제6장)이 각각 앞뒤로 감싸도록 구성하였다.

우선 제2장 '정체성' 단원에서는 각 개인의 정체성은 복수·복합적, 상대적, 가변적이라는 사실과 함께, 정체성 형성은 자기 내부의 조정 및 타자와의 정체성 협상을 통하여 매우 역동적인 방식으로 이루어진다는 점을 이해하여 본다. 이어, 제3장 '고정관념과 편견' 단원에서는 고정관념, 편견, 범주화의 관계에 대하여 알아보고, 고정관념과 편견이 야기할 수 있는 폐해와 단점, 그리고 고정관념과 편견이 형성되는 메커니즘 등을 짚어본다. 이미 형성된 고정관념과 편견은 수정되기 어려우며 소통하는 개인 간에 쌍방향적으로 작용한다는, 고정관념과 편견의 주요 속성에 관해서도 살펴본다. 제4장 '자민족중심주의' 단원에서는 각 개인은 자문화의 프리즘으로 타문화 상황이나 타자를 인식하고 해석하는 성향을 지닌다는 점을 환기한 뒤, 문화적 이질성을 지닌 타자와의 만남에서 그와 같은 인간 자연성향에 대해 충분히 인식하면서 상호작용에 임할 필요성에 대하여 지적해 본다. 제5장 '가치체계의 대립' 단원에서는 우선 한 사회에서 상호 교류함 없이 공존하는 인종, 민족, 종교적 이질성이 어떤 식으로 집단 간 갈등으로 이어질 수 있는지 그 양상을 살펴본다. 그런 다음, 한 국가사회에서 발생하는 많은 갈등은 실제로는 위의 요인 외에도 매우 다양한 요인에 의해 야기될 수 있다는 점을 짚어본다. 제6장 '다양성과 사회' 단원에서는 한 사회의 문화적 다양성은 부가적 관리 과제를 낳기도 하지만 혼성에 의한 새로운 종류의 풍요로움을 창출하는 계기가 될 수도 있다는 점을 이해하여 보고, 문화적 이질성을 지닌 개인들이 한 사회에서 결속력을 다지며 한데 어울려 잘 살아가는 데 도움을 줄 수 있는 몇 가지 요인들에 대하여 구체적으로 알아본다.

끝으로, 이상과 같이 본문을 구성하는 총 다섯 단원(제2장－제6장)을 '들어가며'와 '나오며'가 각각 제1장과 제7장으로 앞뒤로 감싸는 구조로 구성되어 있다.

그 외에도 본서의 뒷부분에 '참고자료 I, II, III', '참고문헌', '찾아보기', '프랑스어 차례 및 요약'을 실어 독자의 편의를 도왔다. 본서에 실린 세 종류의 참고자료는 다음과 같다. 첫 번째 참고자료는 CARAP 참조기준 기술항 목록 중에서도 본서에서 선정하여 중점적으로 활용한 기술항 원문 목록이다. 두 번째 참고자료는 본문 곳곳에 산재되어 있는 '상호문화지식'과 '상호문화적 배움'을 한데 묶어 제시한 상호문화지식 및 상호문화적 배움 목록이다. 마지막으로 세 번째 참고자료는 본서에서 소개한 상호문화활동을 실제 수업의 구안과 실행 단계에서 활용하는 방안에 대한 간략한 예시 및 제안이다.

5. 단원 구성 요소

세부교육목표(Objectifs détaillés)

매 단원을 여는 ‘세부교육목표’는 크게 두 부분으로 나뉘어 제시된다. 우선 상호문화교육과 관련된 지식, 즉 ‘상호문화지식’에 대한 세부 학습목표가 제시된 후, 이어 이질적 타자와의 상호작용 상황에서 염두에 두어야 할 ‘상호문화적 배움’ 부분이 제시된다. ‘정체성’ 단원을 예로 들어본다면, 우선 “<정1> 개인의 정체성은 복수·복합적임을 안다.”와 같이 ‘상호문화지식’과 관련하여 세부목표 목록이 코드화되어 <정1>에서부터 <정8>까지 제시된다. 그리고 그 뒤를 이어 “위의 <정1>－<정8>을 상호문화적 소통상황에서 적극 활용한다.”라는 언급을 통하여 해당 단원 본문에 나오는 ‘상호문화적 배움’까지 단원 학습목표에 포함시킴을 명시한다.

지식박스(Boîtes à connaissance)

‘지식박스’에 정리되어 나오는 ‘지식’이란 앞서 정의하였던 ‘프랑스학 지식’을 말한다. 즉 상호문화교육을 실행할 수 있도록 구체적 자료를 제공해 주는 도구로서의 ‘프랑스 문화’ 관련 지식이다. 이 지식은 본문에서 제시되는 또 다른 종류의 지식인 ‘상호문화지식’과는 구별된다. ‘상호문화지식’이 상호문화교육의 목표인 반면, ‘지식박스’ 안에 소개된 ‘프랑스학 지식’은 그 자체로 상호문화교육의 목표라기보다는 ‘상호문화지식’으로 안내하기 위한 도구이자 방법이다.

개인 경험담(Témoignages)

한편, 수업 시간에 ‘개인 경험담’을 간간이 껴넣은 것이 수업 내용의 이해나 기억에 많은 도움이 되었다는 수강생들의 평가를 반영하여 본서에서도 단원 본문에 필자 또는 다른 지인들의 실제 경험담을 적절히 포함시켰다.

본서에 등장하는 많은 개인들은 프랑스에서 살았거나 살고 있는 실재하는 개인들이다. 그들의 경험담이 이야기로서 '교육자료화'되어 나타난다. 그들의 다양한 목소리와 경험담을 통해 독자들은 간접체험을 하고 자신과 주변을 돌아보고 성찰해 보는 기회로 삼을 수 있을 것이다.

액자 수업(Cours en abyme)

본서에서는 또한 위에서 언급한 '개인 경험담'과 마찬가지로 보다 생동감 있는 상호문화교육을 위하여 '액자 수업'이라는 개념도 도입하였다. '소설 속의 소설'이라는 '액자 소설'에서 착안한 이 개념은 '수업 속의 수업'을 말한다. 즉, 독자들이 본문 안에 기술되어 있는 실제 수업1의 사례를 읽어 내려가는 과정에서 또 다른 수업2 및 학습이 이루어지게 된다는 것이다. 독자 여러분은 본문에 기술된 수업활동사례에서 '학습자' (독자께서 교수자일 경우는 '교수자') 역할에 감정이입함으로써 간접적으로 수업참여 경험을 할 수 있으며, 이는 강의실에서 교수자와 학습자가 직접 상호작용하는 상황보다는 현장감이 덜 하겠으나 저자의 목소리만 모노톤으로 담겨진 일반적 텍스트 상황보다는 훨씬 고무적이다. 액자 수업은 본문에서 통상적으로 "수업에서 교수자는 학습자들에게 …"와 같은 언급으로 시작되곤 한다. 독자 여러분은 수업활동사례가 나올 때마다 적극적으로 감정이입해 주시기 바란다!

상호문화지식(Savoirs interculturels)과 상호문화적 배움(Leçons interculturelles)

단원 본문에서는 지식박스, 개인 경험담, 액자 수업 등에 뒤이어 상호문화교육에서 궁극적으로 학습되어야 할 '상호문화지식'과 '상호문화적 배움'을 명시하고 있다. '상호문화지식'은 '☑' 표시 뒤에 곧바로 이어 나오는 핵심문이며, '상호문화적 배움은 '☑☑' 표시 뒤에 이어 나오는 핵심문이다. 단원별로 이 두 부분의 분량은 비록 몇 줄에 불과하나 '상호문화지식'과 '상호문화적 배움'은 매 단원의 핵(coeur)을 이룬다.

퀴즈(Quiz) 및 답변요소(Eléments de réponse)

각 단원에서는 또한 학습한 내용에 대한 독자들의 능동적 성찰을 유도한다는 의미에서 '퀴즈'란을 간간이 삽입하였다. '퀴즈'로 나오는 질문은 근본적으로 개인의 성찰이 바탕이 된 개별화된 답변을 기대한다. '퀴즈'는 이런 점에서 해당 단원에서 암기한 내용을 정답과 오답으로 갈라 단순 점검하는 '연습문제'의 개념과는 다르다.

단원 뒷부분에 실린 '답변요소' 역시 어떤 질문에 일대일로 대응하는 단 하나의 정답이라는 개념과는 거리가 멀다. '답변요소'의 주요 기능은 무엇보다도 독자들을 좀 더 '확장된 성찰의 세계'로 안내하는 것이다. '답변요소'는 해당 단원 내용을 고려하여 '퀴즈' 질문에 대해 어떤 하나의 방향성을 제시해 줄 수는 있으나 경직된 모범답안의 개념은 아님을 밝혀 두고자 한다.

* 일러두기 및 약어

본서에서는 각별히 중요한 개념을 나타내는 단어인 경우 한국어 단어 옆에 프랑스어 단어를 병기하였다. 그러나 프랑스어 단어나 표현을 건너뛰고 읽더라도 내용 이해에 전혀 지장이 없도록 하였으므로 상호문화교육에 관심이 있는 독자라면 누구나 용이하게 내용에 접근할 수 있다. 단지, 프랑스어를 이해하는 독자들은 한국어 용어와는 조금 다른 뉘앙스를 전하곤 하는 프랑스어 용어를 통하여 추가 정보를 얻을 수 있을 것이다.

한편, 프랑스어 단어를 건너뛰며 읽는 독자들의 가독성을 높이기 위하여 한국어 단어 뒤에 프랑스어 단어가 제시된 경우 한국어 단어를 기준으로 조사를 붙였음을 밝힌다. 가령, 문맥에 따라 본문에서 때로는 '종교중립성'으로 때로는 '정교분리원칙'으로 번역되는 프랑스어 단어 'laïcité'는 [라이씨떼]로 발음되는데, 모음으로 끝나는 이 프랑스어 단어 발음에 맞추어 조사 '-가'를 사용하지 않고 자음으로 끝나는 한국어 단어 '종교중립성/정교분리원칙'의 발음을 기준 삼아 조사 '-이'를 붙여 '종교중립성(laïcité)이 …'라고 표기하였다.

본서에서 사용한 약어 및 기호는 다음과 같다.

<정>: 정체성
<고편>: 고정관념과 편견
<자>: 자민족중심주의
<가>: 가치체계의 대립
<다>: 다양성과 사회
<나>: 나오며
교: 교수자
학: 학습자
☑: 상호문화지식
☑☑: 상호문화적 배움

CHAPITRE 2

정체성

Identité

CHAPITRE 2

정 체 성

Identité

본 단원의 목표는 개인의 정체성은 복수·복합적임을 충분히 인식한 후, 정체성은 또한 상대적이고 가변적임을 이해하는 것이다. 정체성 형성 방식은 역동적이라는 점에 대해서도 살펴본다.[1)]

☑ 단원 세부 교육목표

〈정1〉 개인의 정체성은 복수 · 복합적임을 안다.

〈정2〉 개인의 정체성은 그가 소속된 집단의 총합으로 정의될 수 없음을 이해한다.

〈정3〉 개인은 자신만의 고유한 정체성을 역동적으로 형성해 나감을 이해한다.

〈정4〉 장소나 대화상대자 같은 상호작용 맥락에 따라서 부각되는 정체성 측면이 달라질 수도 있음을 이해한다.

〈정5〉 개인의 정체성은 상대적임을 안다.

〈정6〉 시간에 따라 변하는 정체성 측면이 있음을 이해한다.

〈정7〉 개인의 정체성은 가변적임을 안다.

〈정8〉 상호작용 상황에서 정체성 축소 같은 정체성 위협이 발생할 수 있음을 이해한다.

위의 〈정1〉-〈정8〉을 상호문화적 소통상황에서 적극 활용한다.

1) '정체성'의 정의는 학문영역에 따라 조금씩 다르다. 본 단원에서는 이질적 문화를 지닌 타자와의 상호작용 상황에서 유의미하게 고려되어야 할 개인 정체성의 속성에 대해 알아보는 것에 초점을 맞춘다. 방법적인 차원에서는 개인 정체성의 속성을 독자들이 가급적 직접 체험하며 경험적으로 파악할 수 있도록 단원을 구성하였다.

1. 정체성의 복수·복합성

이 절에서는 여러분 각자의 사례에서 출발하여 개인 정체성의 복수·복합성에 대하여 고찰해 보기로 한다.

'나는 누구인가?' 활동

수업시간에 교수자는 학생들과 함께 '나는 누구인가' 활동을 다음과 같이 실시하였다.

우선 학생들에게 스마트폰을 켜보도록 한 다음 자신에 대해 이야기해 줄 만한 지인들에게 문자로 '나는 누구인가?'라는 질문을 보내도록 하였다.

문자로 질문을 보낼 때 상황 설명이 없으면 "너 미쳤어?", "어디 아파?"와 같은 주제 외의 불필요한 응답이 돌아와 시간이 허비되므로 예를 들어, 아래 예시와 같이 간단한 배경 설명을 곁들이는 것이 유용함을 명시하였다.

가령 '김민수' 학생이 보내는 송신 문자내용 예시:

> 내가 듣는 수업에서 필요해서 그런데 "나(000)는 누구인가?"에 대해 한 줄 핵심문장으로 빨리 답해 줘. 떠오르는 대로 간략히.

교수자는 문자를 친구뿐 아니라 가족, 친지, 선후배, 동료 등 가급적 다양한 사람들에게 보내도록 권장하였다.

여러분도 열 명 정도의 지인에게 문자를 보내고 가장 먼저 답변해 오는 다섯 명 정도의 응답을 아래 [표 1]에 적어 보시기 바란다.

표 1 '나는 누구인가?'

	응답자	답변 내용
1		
2		
3		
4		
5		
그외		
그외		

수업시간에는 [표 1]에 대한 문자응답을 기다리는 동안 학생들에게 [표 2]를 채워 넣도록 하였다.

여러분도 [표 1]의 질문에 대한 답변을 기다리는 동안 누군가가 여러분에게 [표 2]에서처럼 '당신은 누구십니까?'라는 질문을 던졌다고 가정하고 스스로에게 한 번 답해 보도록 하자. 본인의 답변 중 역시 다섯 개 정도를 표에 적어 넣어 보시기 바란다.

[표 2]의 질문에 스스로 답하는 동안 잠시 휴대전화를 꺼놓고 집중하여 생각해 보고 질문에 대한 답변을 어느 정도 마친 후 다시 전화를 켜면 불규칙적으로 도착하는 [표 1] 관련 응답으로 정신이 산만해지는 것을 피할 수 있다.

표 2 '당신은 누구십니까?'

	나의 답변 내용
1	
2	
3	
4	
5	
그외	
그외	

활동을 마쳤다면 수업시간에 학생들이 하였듯이 여러분도 [표 1]과 [표 2] 안의 내용 중에서 여러분의 정체성을 대표할 수 있을 만한 단 하나의 정체성 측면이 있는지, 있다면 무엇인지 아래 괄호 안에 적어 넣어 보시기 바란다.

나는 (   )입니다.

대표적인 정체성으로서 여러분은 괄호 안에 이름 또는 국적을 적었을 수도 있고, 성별이나 직업, 혹은 가족 내의 서열, 그것도 아니면 여러분 자신만이 잘 알고 있는 '가을 낙엽을 사랑하는 사람'과 같은 내면적 속성을 적었을 수도 있다. 그런데 어떤가? '여러분이 누구인가'에 대해 단 한 줄로 표현하기란 혹시 좀 어렵지 않은가?

짐작컨대 아마도 어려울 것이다. 여러분의 정체성은 [표 1]과 [표 2]에 적힌 사항은 물론이고 거기에 미처 언급되지 않은 그 외의 무수히 많은 정체성 측면들까지도 모두 포함하는 총체이기 때문이다.

여러분이 채워 넣었을 [표 1]과 [표 2] 안의 정체성 측면 및 그 외에 미처 언급되지 못한 다른 부분까지 고려하였을 때 우리가 쉽게 수긍할 수 있는 사실은 '정체성은 복수적(pluriel)'이라는 사실이다.

이런 복수적 측면을 연상시키기 위하여 어떤 이는 정체성을 여러 층의 껍질이 있는 양파나 여러 면을 지닌 다이아몬드에 비유하기도 한다.

지식박스

레바논(Liban) 출신의 프랑스 작가 아민 말루프(A. Maalouf)는 그의 저서 '살인적 정체성(Les identités meurtrières)'에서 다음과 같은 이야기를 들려준다.

그는 레바논을 떠나 프랑스에 정착해 살게 되면서부터 많은 사람들로부터 자신이 '좀 더 프랑스인(plutôt français)'이라고 느끼는가 '아니면 좀 더 레바논인(ou plutôt libanais)'이라고 느끼는가 하는 질문을 자주 받았다고 하였다. 그때마다 그는 한결같이 "레바논인, 프랑스인, 둘다(L'un et l'autre)!"라고 답했다고 하였다.

말루프는 자신의 사례를 인용하면서 한 개인의 여러 정체성 측면들은 서로 배타적이지 않고 융합적이며 각 개인에게 고유한 것임을 피력하고 있다.

현대 사회를 살아가는 개인은 여러 문화집단에 소속되어 있게 마련이다. 개인이 소속된 '문화'가 '복수적(pluriel)'이므로 한 개인의 정체성은 이미 '복수적'이다. 게다가 정체성에는 개인 특성요인(facteur individuel)도 포함되어 있는데, 이 요인은 각 개인의 고유한 복수정체성을 설명하기도 한다. 가령 같은 수의 동일한 집단에 소속된 두 개인이라도 동일한 정체성을 갖기 어려운데, 왜냐하면 정체성 형성 과정에서 각자 소속집단으로부터 취하는 속성의 종류 및 양(dosage), 그리고 그 융합 방식에서 개인차가 발생하기 때문이다. 달리 말해 개개인이 자신의 복수정체성을 형성하는 방식은 다음 절에서 보게 되듯이 자율적이고 역동적이므로 한 개인의 정체성은 단지 소속집단의 총합으로 정의될 수 없다.

☑ 한 개인의 정체성은 소속집단의 총합으로 정의될 수 없다.

☑ 개인의 정체성은 복수적이며 고유하다.

2. 정체성 형성의 역동성

실재하는 개인은 자신이 속한 문화집단에게 일반적으로 부여되는 모든 속성을 '패키지' 형태로 전부 다 취하는 것이 아니라 그 중 일부만을 선별적으로 취하여 자신의 정체성을 역동적으로 형성해 나간다. 그래서 개인은 고유한 정체성을 지니게 되는 것이다. 개인 정체성 형성의 역동성을 도식화하여 보면 다음과 같다.

도식 1 개인 정체성 형성의 역동성

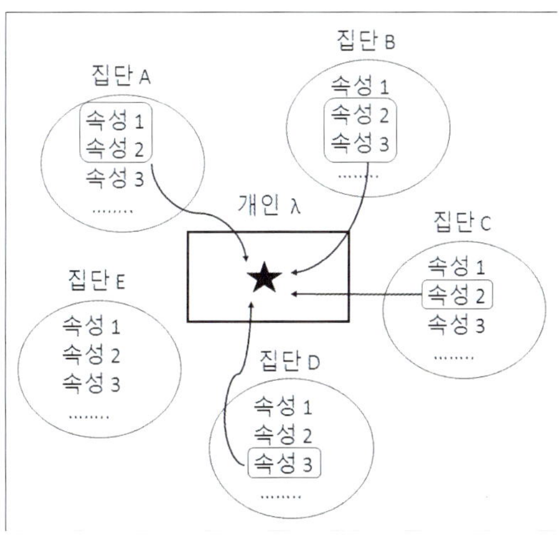

[도식 1]에서 ★은 개인 정체성을 표시한다.

[도식 1]이 보이는 바는, 개인 '람다(λ)'가 자신과 연결된 각 집단별 모든 속성을 전부 취하지 않고 일부 속성만을 일정 양만큼 선별적으로 취하여 자신의 총체적 정체성 '★'을 형성한다는 것이다. 개인 정체성을 나타내는 ★안에서 그가 소속된 다양한 집단으로부터 선별적으로 취한 일정 양의 속성들이 어떤 식으로 섞이고 융합되는지를 정확히 알기는 힘드나 한 가지 분명한 사실은 그것은 개인별로 고유하다는 점이다.

☑ 개인은 자신의 고유한 정체성을 역동적으로 형성해 나간다.

3. 정체성의 상대성

여러분에게 간단한 질문 몇 가지를 던져보겠다. 잠시 생각해 본 후 답해 보시기 바란다.

교수와 학생들 모두 한국인인 어느 한국 대학의 강의실 안이라고 하자. 이 강의실에서 '나'의 정체성 중 '한국인'이라는 정체성은 두드러지는 정체성일까?

– 아마도 아닐 것이다. 한국인이라는 정체성 측면은 주어진 공간 안의 모든 구성원이 공유하므로 변별성이 없는 까닭이다.

그렇다면, 동일한 강의실 공간에서 두드러지는 정체성을 두 개만 가려내 본다면?

– 아마도 '교수'와 '학생'일 것이다. 공간의 주된 목적이 교수–학습이기도 하고, '학생'은 '교수' 앞에서, '교수'는 '학생' 앞에서 특히나 부각되는 변별적 정체성이기 때문이다.

이번에는 만일 한국인 대학생인 '내'가 프랑스에서 어학연수 중이라고 하자. 선생님은 프랑스인이고 교실에는 다양한 국적의 학생들이 한데 모여 있다. 이런 상황에서 '한국인'이라는 정체성은 두드러지는 정체성일까?

– 아마도 그럴 것이다.

다른 상황을 살펴보자. 앞서 보았듯이 '나'는 복수 정체성을 지녔는데, 지금 이 책을 읽고 있는 이 순간 내가 지닌 정체성 중 가장 두드러지는 정체성은 과연 무엇일까?

딸이나 아들? 단골손님? 서울 출신? 가을 낙엽을 사랑하는 사람? 독자?

– 아마도 독자라는 정체성 측면일 것이다.

이번에는 도시에서 대학을 다니고 있는 내가 노인 어르신들만 남은 한 농촌마을에 자원봉사를 하러 갔다고 가정하자. 그곳에서 가장 두드러지는 '나'의 정체성 측면이란 아마도 '도시인', 혹은 '젊은이', 혹은 '학생'일 것이다. 동시에 이 모든 것일 수도 있다. 만일 내가 여대생인데 그 농촌마을에 여성들이 거의 남아있지 않은 경우에는 '여자' 역시 두드러지는 정체성 측면일 수 있겠다.

방금 이야기한 것에 추가 상황을 덧붙여 표로 정리해 보기로 하자.

표 3 '나'의 두드러지는 정체성 측면

장소	'나'의 대화상대자		'나'의 두드러지는 정체성 측면
강의실	교수님		학생
프랑스의 프랑스어 교실	다국적 학생들과 프랑스인 선생님		한국인
농촌	노인 어르신들		도시인, 젊은이, 학생
편의점	편의점 주인 혹은 손님		아르바이트생
자주 가는 분식집	분식점 주인		단골손님

위의 내용은 수업시간에 실제로 이루어진 교수자–학습자들 간의 상호작용의 내용이기도 하다. [표 3]에서 볼 수 있듯이 나의 두드러지는 정체성 측면은 장소나 대화상대자 같은 내가 구체적으로 처한 상황에 따라 달라질

수 있다. 즉 '나'의 정체성은 장소와 대화상대자 같은 실제 상황에 따라 상대적인 성격을 띤다.

☑ 장소나 대화상대자 등 상황에 따라 다른 정체성 측면이 부각될 수 있다.
☑ 정체성은 상대적이다.

개인 정체성이 특정 맥락 속에서 타자와의 상호작용을 통해 형성되고 정의되는 것을 '정체성 협상(négociation identitaire)'이라 부르기도 한다. 정체성 협상 과정에서 개인의 복수 정체성 중 어떤 특정 면만이 각별히 부각된다는 말은 곧 그 사람의 나머지 정체성면들은 가려지고 안 보이게 되는 일종의 '정체성 축소(réduction identitaire)'가 일어난 것이라고도 볼 수 있다. 개인 간 상호작용 상황에서 쉽게 발생할 수 있는 '정체성 축소'는 '정체성 위협(menace identitaire)'의 한 형태이다.

지식박스

누군가 자기 자신의 정체성이 어떠어떠한 것이라고 단 한 마디로 줄여 정의하였을 때 그 말은 주변 상황과 인물들에 비하여 유난히 두드러지고 변별적인 정체성 측면이 바로 그것이라는 말이다. 즉, "○○○은 나의 정체성이다"라는 주장은 나의 총체적 정체성 중 ○○○이 말하는 이가 처한 해당 상황에서 각별히 중요하고 변별적인 구성요소라는 의미이지 그의 모든 정체성이 바로 그것 하나로 압축될 수 있다는 의미는 아니다.

프랑스 영화 '미라클 벨리에(La Famille Bélier)'에서는 아버지와 딸이 함께 트랙터를 타고 귀가하는 장면이 나오는데 귀머거리이며 벙어리인 아버지는 들을 수 있고 말할 수도 있는 딸에게 수화로 "못 듣는 것은 장애가 아니야. 그것은 하나의 정체성일 뿐이야(C'est une identité)"라는 메시지를 전한다.

4. 타자에 의한 강압적 정체성 축소와 그 감정효과

개인 경험이다.

에피소드 1. 프랑스에서 박사과정 학생일 때 지도교수님으로부터 학부 강의를 하나 배정받았다. 처음 맡은 강의라 의욕에 불타 있었음은 물론이다. 그런데 수업이 시작되기도 전에 파리 3대학 언어학과 조교(스크레떼르, secrétaire)와[2] 의도치 않았던 갈등이 생겨서 나는 여러 차례 곤역을 치러야만 했다.

스크레떼르는 어찌된 영문인지 수업을 맡기 위해 학교에 제출해야 할 행정 서류며 각종 정보들을 나에게만 전달해 주지 않았다. 나는 과사무실로 달려가 필요한 정보들을 직접 문의하면서 왜 내게만 관련 정보를 알려주지 않았느냐고 물었다. 수업을 맡게 된 다른 동료 프랑스인들은 이미 서류에 서명까지 마친 상태였다. 그러자 이미 여러 해 동안 안면이 있는 사이면서도 그녀는 시치미를 뚝 떼고 (아니면 정말로 기억력이 좋지 않아서) "근데 당신이 누구더라?"하고 물었다. 내 이름을 말해 주었더니 대뜸 "아, 당신이군요. 쥬느뻬빠 프로농쎄 보트르 농(당신의 성을 나는 발음할 수 없습니다.)"하고 잘라 말하는 것이었다. 단음절인 내 성이 발음하기 어렵다니! 좀 얼떨떨하였다. "그냥 윤[yun]하면 되는데 … 그게 어려우세요?" 하고 물었다. 그녀는 대답 대신 입술 꼬리를 아래로 내려뜨리고 양 손바닥은 하늘로 향해 치켜든 채 어깨를 으쓱했다. 본인도 어쩔 수 없다는 의미였다. 황당하였다. 내 성인 'Yun'의 발음이 어렵다며 더 이상 아무 말도 하지 않고 가만히 앉아 있는 스크레떼르 앞에서 주눅이 들어버린 나는 매우 조심스레 물었다. "그러면 혹시 로제(Roger)는 발음하기 쉬우신가요?" 스크레떼르는 "로제야 당연히 발음하기 쉽지요. 프랑스 이름이니까요."라고 아주 매력적인 미소까지

2) 스크레떼르(secrétaire)는 한국의 조교와 유사하다. 하지만 한국의 대학처럼 졸업생 중에서 1년이나 2년 정도 고용하는 것이 아니고 어느 대학 어느 과에 한 번 고용되면 이변이 없는 한 계속 가는 경우가 많다. 그래서 보통 프랑스 대학 과사무실의 스크레떼르들은 중년 이상인 경우가 허다하다.

지어 보이며 대답하였다. 그 대답에 나는 그러면 내 본래 성인 '윤'과 남편 성인 '로제'를 하이픈으로 연결하여 붙여 쓰겠노라고 하였다. 스크레떼르는 그냥 '로제'만 쓰는 것이 더 간편하다는 말을 덧붙이는 것을 잊지 않았으나 나도 이미 많이 양보를 했으므로, 원한다면 개인적으로는 날 그저 "마담 로제"로만 부르는 건 상관없지만 서류에는 두 성을 같이 붙여 쓰겠노라고, 앞으로 그렇게 표기에 달라고 나 자신도 깜짝 놀랄 만큼 단호한 어조로 말하였다. 그랬더니 그녀는 시큰둥한 표정으로 어깨를 다시 으쓱하면서 "좋으실 대로"라고 짧게 답하였다. 그런 에피소드에서 출발하여 파리 3대학 언어학과에서 공식적으로 두 성을 함께 쓰게 된 것이 그 이후의 박사학위와 연구 출판물에도 계속 이어지게 되었다.

에피소드 2. 그것으로 나와 스크레떼르 사이에 있었던 성명 표기와 관련된 갈등은 일단락된 것 같았다. 그런데 강의 첫날 쌍시에(Censier)에 있는 대학 본부 건물의 강의실에 도착했을 때 나는 내 성명표기와 관련하여 다시 한 번 숨이 막히는 기분을 느끼게 된다. 강의실 문에는 강의명과 담당교수자명이 인쇄된 A4 용지가 붙어 있었는데 거기에는 큼지막한 글씨로 첫째 줄에 'Morphosyntaxe Deug2(형태통사론 2학년 수업)', 그리고 둘째 줄에 'M. ROGER(므슈 로제)'라고 선명히 인쇄되어 있는 것이었다! 'Yun'과 'Roger' 두 성을 같이 붙여 표기해 달라고 간곡히 부탁했건만 내 한국 성은 어느새 또 다시 사라져 있었고, 게다가 여성존칭 Mme(마담) 대신 남성존칭 M(므슈)으로 표기되어 있는 것이었다. 순간 머릿속이 아뜩했다. 그렇지 않아도 첫 수업에서 오는 긴장감 때문에 떨리는 마음을 간신히 추스르고 있던 참인데, 과목 담당자명이 그렇게 나갔으니 이 수업을 들으러 온 학생들은 대체 어떤 사람을 상상하고 있을 것인가? 'Roger'라는 성을 가진 '프랑스인 남성'의 등장을 기대하고 있을 게 아닌가! 그런 학생들 앞에 체격도 왜소한 '동양인' '여자'가 봉주르 하고 나타난다면?

나는 어디로든 도망쳐 버리고 싶었다. 일단 그 자리를 뜨고 싶었다. 황망히 대학 건물을 빠져나와 파리의 모스크(Grande Mosquée de Paris) 쪽으로 빠른 걸음으로 걸어가다 갑자기 발길을 돌려 반대 방향에 있는 학생식당(CROUS)으로 달려가 식당 건물 안 어두컴컴한 복도를 혼자서 빙빙 돌며 마음을 달래보려 애썼다. 그렇게 하면서 이따금 손목시계를 들여다보면서 방황하다 수업 시작 2−3분 전에야 간신히 정신이 번쩍 들어 대학 본부 건물로 달려갔다.

강의실 문을 최대한 정력적으로 열어젖히고 역시 최대한 정력적인 발걸음으로 들어가면서 역시 최대한 정력적인 음성으로 '봉주르~' 하고 인사한 다음, 나의 등장에 놀란 기운이 역력한 학생들을 바라보면서 "저는 므슈 로제가 아니고 마담 로제입니다. 한국인입니다. [칠판에 표기하면서] 정식 이름은 'Yun−Roger'입니다. 'Roger'는 제 남편 성입니다. 문에 붙은 종이에 에러가 좀 있었습니다. 어쨌든 여러분, '형태통사론' 들으러 오신 것 맞지요? 다행히 과목명은 맞습니다!"라는 문구로 첫 강의를 시작하였다.

타인에 의하여 정체성 축소를 겪었을 때, 특히 타인에 의해 자신이 중요하게 여기는 정체성의 일부분을 박탈당했을 때, 그때 느낄 수 있는 감정은 당황, 혼란, 부당함, 그리고 옅은 분노와 같은 감정들이다.

위의 사례에서도 볼 수 있듯이 상호작용상황에서 일어나기 쉬운 타자에 의한 정체성 축소나 한 개인(혹은 집단)이 '특수한 정체성면을 인정받고자 하는 주장', 즉 '정체성 주장(revendication identitaire)'은 결코 가볍게 무시하고 넘길 만한 성격의 문제가 아닌 것이다.

문화적 이질성을 지닌 타자와의 상호문화적 소통상황에서는 모든 상호작용 상황에서 쉽게 발생할 수 있는 타자에 의한 '나'의 정체성 축소와 같은 정체성 위협 가능성에 대해 사전에 충분히 인식하고 이에 대비하는 자세를 기를 필요가 있겠다. 동시에 나 역시 타자의 정체성을 축소하지 않도록 의식적으로 노력하면서 상호작용에 임할 필요도 있다.

☑☑ 문화적 이질성을 지닌 타자와 상호작용할 때 정체성 축소와 같은 정체성 위협을 겪을 수도 있음을 염두에 둔다.

☑☑ 타자의 정체성을 축소하지 않도록 의식적으로 노력한다.

5. 정체성의 가변성

이번에는 시간에 따라 변하는 정체성 측면이 있다는 사실을 통하여 정체성의 가변성에 대해 이해해 보도록 한다.

앞서 보았던 '나는 누구인가?' 활동을 상기하면서 여기서는 여러분의 '정체성 도식'을 한 번 그려보자. 가령, '막내', '대학생', '남자', '한국인' 등등, 여러분의 정체성을 구성하는 다양한 '정체성 측면들(facettes identitaires)'로 아래 도식 안에 들어 있는 원이나 반원의 빈 공간을 하나씩 채워 넣어 보시기 바란다.

도식 2 '나'의 정체성 도식

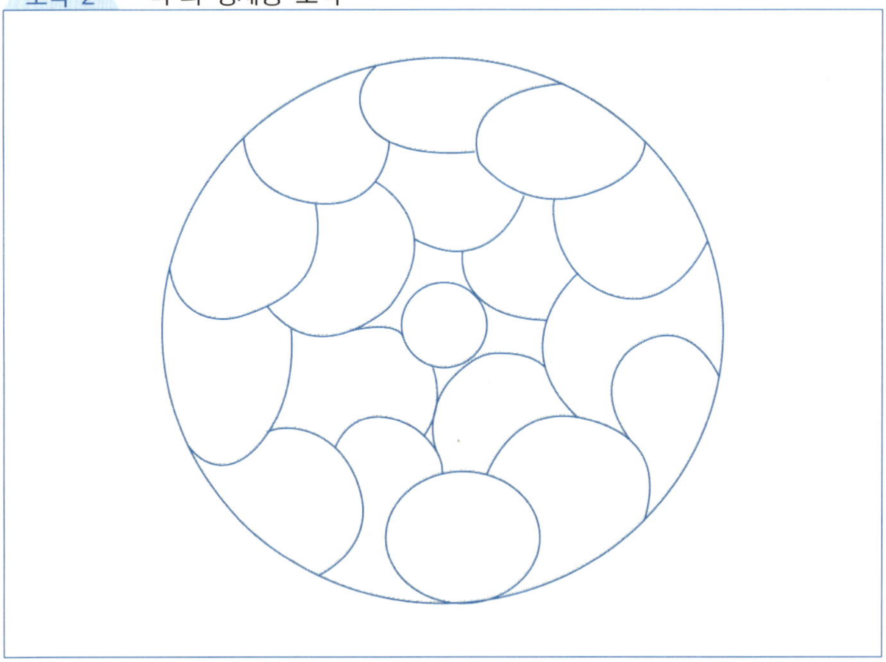

여러분은 위의 '정체성 도식'을 채워 넣으면서 아마 다시 한 번 정체성이란 복수적임을 느꼈을 것이다.

도식을 완성하였으면 이번에는 도식 안의 다양한 정체성 측면 중에서 시간이 흐르면 변할 수도 있는 정체성 측면을 색깔 볼펜 등으로 표시해 보시기 바란다.

가령 성별, 혈액형, '누구누구의 남동생' 등 불변하는 정체성 측면이 있는가 하면, '대학생', '미혼', '합창단원'과 같이 시간과 함께 충분히 변할 수도 있는 정체성 측면도 있음을 새삼 확인하게 되었을 것이다. 정체성은 이처럼 시간의 흐름에 따라 가변적인데, 정체성이 가변적이라는 말은 '나'의 정체성 모두가 종합상자처럼 한 번에 통째로 바뀌어서가 아니라 그 중 일부만이 변화를 겪게 되고, 그렇게 부분적으로 변화된 부분이 나머지 부분과 상호작용하면서 결국에는 '나'의 '총체적 정체성'의 변화를 야기한다는 의미이다. 즉, '나'의 정체성 안에는 고정적인 정체성 측면도 있고 시간에 따라 변하는 정체성 측면도 있는데, 후자는 결국 '나'의 총체적 정체성의 변화를 야기하므로 '나'의 총체적 정체성 역시 가변적이라는 것이다.

그리고 '나'를 통해서 살펴본 정체성의 가변성은 물론 다른 모든 개인에게도 적용된다.

☑ 정체성은 가변적이다.

더욱이 오늘날에는 전통적으로 고정적이며 영구적이라고 여겨졌던 성이나 국적과 같은 정체성조차도 지난날에 비해 상대적으로 덜 고정적이며 덜 영구적인 것이 되었다. 비록 소수이기는 하나 성전환자는 세계 곳곳에 존재하며, 프랑스 영화배우 제라르 드빠르디유(Gérard Depardieu)의 사례처럼 개인적 이유로 국적을 바꾸는 사람도 있다.

지식박스

프랑스의 대표적 국민배우 중 한 사람인 제라르 드빠르디유(Gérard Depardieu)는 고소득 상류층을 겨냥한 프랑스 정부의 과도한 과세정책에 반발하여 2013년도에 러시아 국적으로 바꾸어 버렸다. 국민 가수인 죠니 할리데이(Johnny Halliday) 역시 세금 문제로 한때 벨기에 국적을 신청하는 행정절차를 밟기도 하였으나 여론을 의식하여 그대로 프랑스인으로 남기로 한 사례도 있다.

지식박스

프랑스 작가 로맹가리(Romain Gary)는 원칙적으로 단 한 번밖에 수상할 수 없는 프랑스의 대표적인 문학상인 공꾸르상(Prix Goncourt)을 예외적으로 두 번 수상한 작가이다. 로맹가리는 본명으로 '하늘의 뿌리(Les racines du ciel, 1956)'를 출간하여 첫 공꾸르상을 수상하였는데 자신에게 '로맹가리'라는 '꼬리표(étiquette)'를 붙여놓고 편견과 선입견에 가득 찬 평론을 써대는 일부 문학평론가들에 의해 고통받다가 '에밀 아자르(Emile Ajar)'라는 가명으로 '자기 앞의 생(La vie devant soi, 1975)'을 출간하여 전례 없이 공꾸르상을 한 차례 더 수상하게 된다.

알랭 들롱(Alain Delon)과 장 가뱅(Jean Gabin)이 주연을 맡아 열연한 프랑스－이탈리아 합작 영화 '암흑가의 두 사람(Deux hommes dans la ville)'에서 은행털이범이었던 지노 스트라블리지(Gino Strabliggi)는 옥살이를 마치고 출감하여 그 이전 생활을 청산하고 새로운 삶을 살려고 부단히 노력한다. 하지만 그를 과거에 이미 한 번 체포한 적이 있으며 그를 계속해서 범죄자로만 보는 한 형사의 집요한 시선에 의해 고통받다가 결국 그 형사의 목을 조름으로써 실제로 다시 범행을 저지르고 만다.

시간의 축에서 보았을 때 한 개인의 정체성은 가변적이다. 그런데 '로맹가리'나 '지노 스트라블리지'의 사례에서처럼 '나'의 변한 정체성 측면을 인정해 주지 않거나 '나'를 계속해서 옛 정체성 안에만 가두려 하는 강압적인 외부의 시선은 그 시선에 갇힌 '나'의 심한 고통을 유발할 수 있다. '로맹가리'라는, 또 '은행털이범'이라는 '꼬리표'로서의 정체성은 개인의 복수정체성 중 단 한 측면만을 부각시켜 화석화한 것으로서 본래는 유동적이며 역동적인 개인 정체성의 속성을 제대로 대변한다 할 수 없다.

이에 다시 한 번 각자가 시간에 따라 변하는 정체성 측면이 나, 너, 그, 그녀, 우리 모두에게 있으며, 개인의 총체적 정체성은 이로 인해 결국 가변적이라는 사실을 인식할 필요가 있겠다.

6. 정리 및 상호작용상황에의 적용

지금까지 살펴본 정체성의 세 가지 주요 특성을 여러분이 앞서 그려 보았을 '나'의 정체성 도식과 연결시켜 정리해 보기로 하자.

첫째, 정체성 도식 속의 여러 개의 원과 반원의 존재를 통해 새삼 확인할 수 있었듯이 '나'의 정체성은 복수적이다. 둘째, 반원 중 한 개 혹은 몇 개만이 장소나 대화상대자에 따라 각별히 조명받곤 하므로 '나'의 정체성은 상대적이다. 셋째, 반원 중 적어도 일부는 이미 변했거나 시간이 지나면 변할 것이므로 결국 '나'의 총체적 정체성은 가변적이다. 우리는 또한 정체성 형성방식이 역동적이라는 점도 짚어보았다.

이상과 같이 '나'에 대한 고찰을 통해 정리해 본 정체성의 세 가지 속성을 한국인인 '내'가 문화적 이질성을 지닌 타자와 상호작용하는 구체적 상황에 적용시켜 보도록 하자.

편의상 '문화적 이질성을 지닌 타자'를 '프랑스인'으로 예시하면, '나'와 '그'가 상호작용할 때 한국인인 '나'의 눈에 가장 두드러지는 '그'의 정체성 측면은 무엇보다도 그의 '프랑스인'이라는 정체성 측면일 것이다(상대성). 그러나 당장 '나'의 눈에 띄지는 않아도 '그'의 다양한 정체성 측면들이 여전히 존재하며(복수성) 게다가 그 중 현재 변화 중인 정체성 일면도 있을 수 있다(가변성). 즉, '나'의 정체성이 복수적, 상대적, 가변적이듯이 나와 상호작용 중인 '프랑스인'의 정체성 역시 복수적, 상대적, 가변적인 것이다.

여기서 '프랑스인'을 다시 '문화적 이질성을 지닌 타자'로 일반화시키면, '나'와 마찬가지로 나의 대화상대자인 '문화적 이질성을 지닌 타자'의 정체성 역시 복수적, 상대적, 가변적이라 하겠고, 상호작용 상황에서는 이에 대해 인식할 필요가 있다고 정리해 볼 수 있다.

☑ 문화적 이질성을 지닌 타자의 정체성 역시 복수적, 상대적, 가변적이다.

☑☑ 문화적 이질성을 지닌 타자의 정체성 역시 복수적, 상대적, 가변적임을 인식한다.

CHAPITRE 3

고정관념과 편견

Stéréotype et préjugé

CHAPITRE 3

고정관념과 편견

Stéréotype et préjugé

본 단원의 목표는 상호문화적 소통상황에서 주요 장애요인으로 작용할 수 있는 고정관념과 편견의 속성에 대해 다각도로 검토하고 이해하여 보는 것이다.[1)]

단원 세부 교육목표

〈고편1〉 범주화, 고정관념, 편견의 관계를 이해한다.

〈고편2〉 수용하기 어려운 이질성과 관용의 관계에 대해 이해한다.

〈고편3〉 고정관념과 편견이 형성되는 메커니즘에 대해 이해한다.

〈고편4〉 고정관념과 편견의 문제점을 안다.

〈고편5〉 고정관념과 편견의 저항 속성에 대해 이해한다.

〈고편6〉 고정관념과 편견은 상호적으로 작동함을 안다.

위의 〈고편1〉-〈고편6〉을 상호문화적 소통상황에서 적극 활용한다.

1. 범주화, 고정관념, 편견

1.1 프랑스 지역 구분

우선 아래 여섯 개의 프랑스 지도를 살펴보도록 하자. 지도를 통해 우리는 무엇을 알 수 있을까?

1) CARAP에서는 고정관념과 편견을 따로 다루고 있으나 우리는 편의상 이 둘을 함께 다룬다.

도식 3 문화집단별 프랑스 지역 구분[2]

a. 독일인이 본 프랑스

La France vue par les Allemands

b. 일본인이 본 프랑스

La France vue par les Japonais

c. 중국인이 본 프랑스

La France vue par les Chinois

d. '교양 없는 영국인'이 본 프랑스

La France vue par les Anglais non-cultivés(lecteurs assidus du Sun)

e. '교양 있는 영국인'이 본 프랑스

La France vue par les Anglais cuitivés

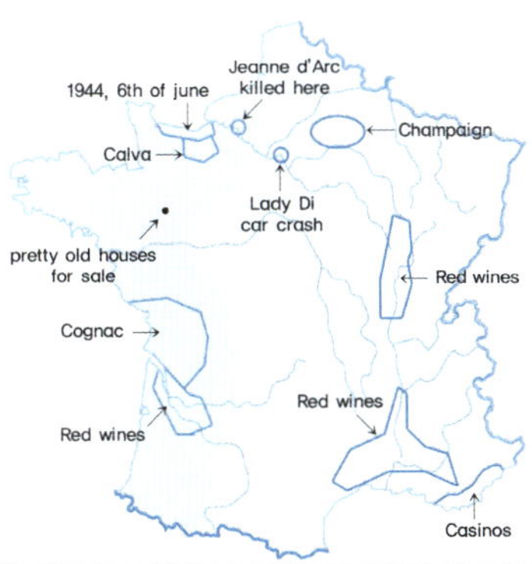

f. '교양 없는 미국인'이 본 프랑스

La France vue par les Américains non-cuitivés (téléspetateurs assidus de Fox news)

2) 지도 출처: http://www.topito.com/top-france-prejuges

위 지도는 우선 '독일인', '일본인', '영국인' 같은 특정 문화집단이 '프랑스 영토'를 어떻게 바라보는지, 특히 무엇을 기준 삼아 지역 구분을 하는지에 대해 알려준다. '독일인'은 프랑스 파리를 주로 관광지나 유흥지, 음식점을 기준 삼아 구분하고(지도에서 화살표 참조) 그 외 지역은 예쁜 마을, 고성, 포도주 산지 위주로 구분하고 있다. '일본인' 역시 파리 외 지역은 '독일인'처럼 여행하기 좋은 예쁜 마을과 고성, 와인 생산지를 중심으로 구분한다. 그리고 '파리'는 일본인의 눈에 관광지일 뿐 아니라 특히 '카르티에'나 '루이뷔통' 같은 사치품이나 '라 뒤레' 마카롱을 구입할 수 있는 쇼핑장소로서 매력적인 곳이다. '중국인'은 프랑스를 파리와 그 외 지방으로 이분법적으로 구분하여 바라보는데, 그들이 보는 '파리'란 무엇보다도 헐값에 인수할 수 있는 파산 직전의 가게나 회사(Commerce en faillite à reprendre)가 밀집된 장소로서 의미 있는 곳이며 기타 프랑스 지역은 별 관심을 기울일 필요가 없는 무의미한 곳(Aucun intérêt)이다. 한편, '교양 없는 영국인(Anglais non−cultivés)'은 프랑스 지역 중 특히 술 생산지와 다이애나 황태자비 사망 장소를 의미 있는 장소로서 따로 구분하며, 그 외 지역은 단지 '개구리들(Frogs)[1]'이 사는 무의미한 지역으로 바라본다. '교양 있는 영국인(Anglais cultivés)' 역시 근본적으로 프랑스의 여러 지역 가운데 술 생산지와 다이애나비 사망 장소를 각별히 의미 있는 장소로서 따로 구분해 바라본다. 다만 '교양 없는 영국인'에 비하여 그들은 술의 종류나 술 생산지에 대한 좀 더 구체적인 정보를 지니고 있으며, '노르망디 상륙작전'이나 '잔다르크 처형지'처럼 자국이 개입한 역사적 사건의 배경이 되었던 장소에도 관심을 갖는다. 끝으로 '교양 없는 미국인(Américains non−cultivés)'은 프랑스를 '동맹파업자, 공산주의자, 늙은 멍청이, 불결한 사람, 시골뜨기들'이 사는 나라라고 다소 주관적인 방식으로 규정짓는데, 이들은 앞서 보았던 다른 문화집단에 비하여 수도인 파리나 그 외 지역에 대한 객관적인 정보는 거의 갖고 있지 않다.

위 지도는 이처럼 프랑스 영토를 유의미한 지역과 무의미한 지역으로 구분하는 기준이 문화집단에 따라 다르며, 유의미한 지역을 하위 범주로 가려

1) 영국인들이 프랑스인들에게 붙인 별명.

내는 기준 또한 해당 문화집단마다 다르다는 것을 보여준다. 제각기 다른 범주화 기준을 통해 '프랑스'를 바라보는 까닭에 동일한 객체인 '프랑스 영토'가 문화집단별로 각기 상이한 방식으로 분할되고 특징지어지는 것이다.

다른 한편, 위의 여섯 지도는 타문화 집단에 대한 '프랑스 사람들'의 고정관념과 편견도 고스란히 드러내 보이는데, 예를 들어 '프랑스인'의 눈에 '일본인'은 럭셔리 상품과 예쁜 마을에만 주목하는 단순 여행객으로 간주되며, '중국인'은 무엇보다도 장사꾼으로, 그리고 '교양 없는 영국인'은 알코올 중독자로 비춰진다. 특히 '교양 없는 미국인'은 프랑스와 인접국 사이의 국경도 잘못 알고 있으며 심지어 수도인 파리가 프랑스 영토의 정중앙에 위치한다고 믿는 무지한 사람들이라 여겨진다. 지도에는 '교양 없는 미국인'을 '폭스 뉴스 애청자(téléspectateurs assidus de Fox News)'라고 정의한 프랑스 특유의 또 다른 편견도 드러난다.

이처럼 지도에서 드러나는 '독일인', '일본인', '중국인', '영국인', '미국인'에 대한 '프랑스인'의 견해 역시 특정 민족을 자신들만의 필터를 통해 단순화해 포착한 것으로서, 동일한 문화집단들에 대한 '한국인'의 필터와 견해는 그와는 또 다르게 나타날 것이다.

이상 살펴보았듯이, 범주화란 어떤 객관적이고 절대적인 기준에 따른 것이기보다는 무엇보다도 범주화를 행한 주체자의 눈에 유의미하게 보이는 기준에 근거를 둔 것이기에 다분히 자의적이다. 그러므로 그 어떤 범주화도 중립적이거나 절대적 성격을 띤다고 보기 어려운 것이다.

☑ 범주화는 중립적이지도 절대적이지도 않다.
☑ 범주화의 기준은 자의적이다.
☑☑ 어떤 범주화 기준을 절대 기준인 양 취급하는 자세는 지양한다.

1.2 범주화, 고정관념, 편견의 관계

수업에서 교수자는 범주화, 고정관념, 편견의 관계를 이해시키기 위하여 학습자들에게 4~5인씩 한 조를 형성하도록 한 뒤 조원들이 함께 정한 어떤 일정 기준에 따라서 자기 조의 조원을 두 하위그룹으로 분류해 보는 '하위범주화' 활동을 제안하였다.

조별로 약간의 차이는 있었으나 '안경을 썼거나 안 쓴 학생'과 같이 단순 외모요인에 의한 분류와 '전공' 혹은 '학번'과 같은 학생 정보에 따른 분류가 가장 빈번히 언급되었다.

그런 다음 교수자는 임의로 한 조를 지적해 칠판 앞으로 나오도록 하였고 그 조의 조원들을 나머지 학생들에게 다시 한 번 일정 기준을 적용하여 두 개의 하위그룹으로 범주화해 보도록 하였다. 또한 앞에 나와 서 있는 학생들을 하위범주화하는 다른 방식을 생각해 볼 수도 있는지, 있다면 여러 범주화 가능성 중 보다 설득력 있는 범주화 기준은 무엇인지, 그렇게 판단한 근거는 무엇인지에 대해서도 토론해 보도록 하였다.

조별로 조금씩 다른 분류 및 범주화 기준을 제안하였으나 앞에 나와 서 있는 학생들과 나머지 학생들이 서로 대화를 주고받지 않은 상태에서 분류가 이루어진 관계로 전체적으로 안경의 유무, 쌍꺼풀의 유무, 옷차림('과 점퍼' 착용 여부, 바지 밑단을 위로 접어 올렸는지 아닌지) 등 시각적 기준에 의한 분류가 지배적이었다. 만일 앞에 나온 학생들과 앉아 있는 학생들이 상호작용을 했다면 아마도 학생들의 전공이나 휴대전화 브랜드 등의 또 다른 기준이 적용되었을 수도 있었을 것이다.

이처럼 학습자들은 위 활동을 통하여 동일한 표본 학생을 범주화하는 방식이 실제로 매우 여러 가지일 수 있음을 확인함으로써 범주화의 기준이란 절대적이지 않으며 상대적이고 자의적인 속성을 지닌다는 사실에 대해 직접 참여하며 이해해 볼 수 있었다.

여러분도 친한 친구 서너 명을 머릿속에 잠시 떠올려 보시라. 그리고 그들을 두 하위그룹으로 분류해 보시라. 단 하나의 분류만 가능한가? 아니면 여러 방식의 분류가 가능한가?

교수자는 또한 각 조가 만들어낸 두 하위그룹(가령 '안경 낀 학생' 그룹과 '안경 안 낀 학생' 그룹) 각각에 대해서 의견을 표해보도록 하였다. 학생들은 예를 들어 '안경을 낀 학생은 학구적이지만 운동은 잘 못할 것이다', '국어국문과 학생은 올바른 국어사용을 할 것이다', '통계학과 학생은 수학을 잘 할 것이다'와 같은 의견을 내었다. 교수자는 이처럼 특정 '인간범주'에 대해 일정 구성원들 사이에서 형성되고 공유된 어떤 의견이 그 집단 내에서 점차 화석화됨으로써 특정 '고정관념'과 '편견'이 생겨난다는 점을 설명해 줄 수 있었다. 또한 범주화는 반드시 그런 것은 아니지만 고정관념과 편견을 만들어 낼 소지를 제공한다는 점을 지적해 줄 수 있었다.

위에서 예시한 '하위 범주화' 활동은 이처럼 학습자들이 범주화, 고정관념, 편견의 관계에 대해 스스로 생각하고 이해해 보는 계기가 되었다. 어떤가? 만일 위 활동에서 애초부터 조원을 하위그룹으로 분류했던 범주화 자체가 없었더라면 특정 '고정관념'이나 '편견'이 생겨날 여지도 없지 않았을까?

☑ 범주화가 반드시 고정관념이나 편견으로 이어지는 것은 아니나, 인간집단의 범주화는 고정관념이나 편견의 기초가 되어 그것을 형성할 가능성을 만든다.

1.3. 상호작용 상황에서의 고정관념과 편견

'고정관념'이란 사물, 사건, 사람 등에 대한 경직되고 지속적인 범주화 유형을 말한다. 그리고 '편견'이란 특정 범주에 대해 한 집단의 구성원들이 공유하는 한편으로 기울어진 공정치 못한 의견을 말한다. 편견은 한 집단의 구성원들이 특정 범주에 대해 미리 지니고 있는 주로 비우호적인 의견인 선입견과도 매우 유사하다. 고정관념, 편견, 선입견은 모두 사회적으로 습득된 것이다.

특히 인간집단과 관련된 고정관념과 편견을 따로 정의해 보자면, '고정관념'이란 어떤 인간집단 및 그 구성원을 지속적으로 동일한 방식으로 범주화하는 경직된 시선을, 그리고 '편견'이란 그런 고정관념적 시선과 직결시키는 주로 부정적인 견해를 의미한다 할 수 있겠다. 예를 들어 프랑스 사회에서 누군가에게 'Sale Juif(더러운 유태인)!'나 'Sale Arabe(더러운 아랍인)!'이라는 욕설을 던졌다고 하자. 이 표현들은 고정관념과 편견을 동시에 담고 있는데 'Juif(유태인)'과 'Arabe(아랍인)'이라는 경직되고 지속적인 기준으로 개인을 범주화한 것은 고정관념이다. 그런 후 'Sale(더러운)'이라는 부정적 견해와 연결시킨 것은 편견이다. (물론 이런 인종차별적 욕설을 던진 이는 현행 프랑스 법에 의해 엄중히 처벌받는다.)

☑ 고정관념은 어떤 인간집단이나 그 구성원을 지속적으로 동일한 방식으로 범주화하는 경직된 시선이다.

☑ 편견은 특정 고정관념과 직결시키는 주로 부정적인 견해이다.

이상과 같이 정의해 본 고정관념과 편견의 개념을 이번에는 본서에서 각별히 주목하는 이질적 문화를 지닌 타자와 상호작용하는 상황에 적용시켜 보자. 이질적 문화를 지닌 타자와 상호작용하는 상황에서, 타자에게서 '사람'을 보기보다 단지 그가 소속된 '집단의 일원'을 본다면 그것은 '고정관념'이라 할 수 있다. 그리고 그가 속한 추상적 집단에 대해 우리 머릿속에 지니고 있는 주로 부정적인 이미지를 실제 인물인 그에게 고스란히 전이시킨다면 그것은 '편견'이라 할 수 있다.

☑ 타자에게서 '사람'을 보기보다 단지 그가 소속된 '집단의 일원'을 보는 것은 고정관념이다.

☑ 타자가 속한 집단에 대해 우리 머릿속에 지니고 있는 주로 부정적인 이미지를 실재하는 개인인 그에게 고스란히 전이시키는 것은 편견이다.

지식박스

로맹 가리가 에밀 아자르라는 가명으로 출간한 소설 '자기 앞의 생'에서 '모모(Momo)'는 '아랍인 혈통'과 '사생아'라는 정체성 측면을, 그리고 '로자(Rosa)'는 '유태인', '노파', '전직 창녀'라는 정체성 측면을 지닌 인물이다. 로맹가리는 유독 전형적으로 사회적 편견의 대상이 되는 그런 정체성 측면들을 지닌 '모모'와 '로자'를 주인공으로 삼아 작품을 썼다. 왜 그러한 선택을 했을까?

표면적으로 드러나는 사회적 정체성과는 상관없이 두 주인공이 지닌 순수한 사랑이라는 개인의 내면적 정체성이 인간의 고귀함과 드높음을 보여주기 때문이 아닐까?

'모모'를 단지 아랍인 사생아, '로자'를 단지 유태인 전직 창녀로만 보았을 때는 전혀 볼 수 없는 그런 실제적인 측면들을 말이다.

2. 수용하기 어려운 이질성과 관용

수업에서 교수자는 Conchita Wurst라는 인물의 사진을 아무런 사전 설명 없이 프로젝터로 투사하여 학생들에게 보여주었다. 사진 속에는 구불구불한 긴 머릿결을 자랑하며 황금색 드레스를 입고 멋진 각선미를 뽐내는 Wurst가 있었다. 긴 속눈썹, 우수에 찬 눈빛, 반짝이는 붉은색 립스틱 … 누가 봐도 매우 여성적인 모습이다. 단, 얼굴 밑 부분은 새까만 수염으로 뒤덮여 있다!

학생들은 사진을 보자마자 "와아~!"하고 감탄사를 내뿜는 것으로 즉각적 반응을 보였다.

교수자는 학생들에게 쪽지를 나누어 주고 사진을 처음 보았을 때 사진 속 인물에 대해 어떤 느낌이 들었는지 솔직하게 순간 느낌을 적어 보라고 하였다.

여러분도 한 번 상상해 보시라. 여성인지 남성인지 한 눈에 분간하기 어려운 C. Wurst의 모습을 본다면 여러분은 과연 어떤 느낌이 들 것 같은가?

수업 시간에 학습자들은 사진 속 인물에 대하여 "왜 저래?", "영화 찍나?", "저게 뭐야?", "헐~", "무섭다", "역겹다", 심지어는 "더럽다" 등의 일차적 반응을 보였다.

각자 사용한 어휘는 조금씩 달랐지만 학습자들은 충격, 불편함, 거부 등의 반응을 표현하고 있었다. 참고로, 사진 속 인물에 대하여 긍정적 반응을 보인 학습자는 없었다. 모르긴 해도 아마 여러분도 크게 예외는 아닐 것이다.

처음 C. Wurst의 사진을 보았을 때 불편함이나 거부감 등 부정적 감정이 생겼던 주된 까닭은 그의 모습이 우리에게 매우 친숙한 성 기준인 '남성'이나 '여성'이라는 두 범주 중 하나에 깔끔하게 분류되어 들어가지 않았기 때문이다. 우리는 우리에게 친숙한 범주화를 적용시키기 어려운 표본을 만났을 경우 불편함을 느낀다.

학습자들의 첫 반응에 이어 교수자는 C. Wurst라는 인물에 대해 다음과 같이 간략히 소개하였다.

> C. Wurst는 2014년도 유로비전(Eurovision) 노래경연대회 우승자이다. 오스트리아 남성으로 본명은 Tom Neuwirth이다. 그는 자신 내부에 존재하는 남성성과 여성성이라는 두 가지 정체성 측면을 당당히 주장하기 위하여 남성의 상징인 수염은 그대로 간직한 채 드레스를 입고 화장을 한 여성의 모습으로 무대에 올라 노래를 부른다.

학습자들은 이어서 그가 유로비전에서 '불사조처럼 일어나다(Rise Like A Phoenix)'라는 자작곡을 열창하는 동영상도 보았다. 그리고 교수자의 제안에 따라 활동 첫 단계에서 보았던 C. Wurst의 사진을 다시 한 번 보는 기회를 가졌다.

교수자는 이어 "그의 삶의 이야기를 듣고 동영상을 보고 난 다음 다시 처음 사진을 보았을 때 어떤 느낌이 들었는가? 아까에 비해 인식의 변화가 있었는가?"라는 질문을 던지고 답할 시간을 주었다. 학습자들은 쪽지에 각자 답변을 적어 보았다.

처음에 비하여 인식의 변화가 없었다는 학습자도 있었고 변화가 있었다는 학습자도 있었다. 가령 학습자 H는 처음 사진을 보았을 때 "무섭다"고 일차적 반응을 하였고, 교수자 설명 후에도 "노래는 잘 하지만 그래도 무섭다"고 적어 근본적인 느낌은 변하지 않았음을 보고하였다. 하지만 절대 다수의 학습자들은 C. Wurst의 소개 및 동영상 감상 후 처음에 비해 인식의 변화가 있었노라고 답하였다. 예를 들어 학습자 M은 처음에는 "어라? 미쳤나?"하는 일차적 반응을 하였으나 그의 삶의 스토리를 듣고 노래 장면을 보면서 그에 대해 조금 알고 난 후에는 "이해가 된다. 카리스마 있어 보인다."라고 생각이 바뀌었다고 적었다.

많은 학습자들이 C. Wurst에 대해 좀 더 알게 되고 나서 그 인물에 대해 보다 관용적인 태도를 갖게 되었다는 것은 주목할 만한 점이다. 만일 학생들이 C. Wurst의 첫 사진 이미지에서만 머물고 그를 조금이나마 더 알게 되는 기회를 갖지 못했더라면 그가 상당한 노래실력을 지녔으며 나름대로 자신의 신념을 소신껏 피력하며 살아가는 사람이라는 측면은 전혀 보지 못했을 것이다. 따라서 그의 이질성을 조금은 더 수용할 수 있는 유연함과 관용이 생겨날 여지도 없었을 것이다.

어떤 종류의 이질성은 C. Wurst의 경우처럼 수용하기가 매우 어려울 수도 있다. 그렇지만 일차적으로는 수용하기 어려운 이질성을 지닌 타자라도 그를 좀 더 아는 기회를 갖게 되었을 때 그 기회를 통해 얼마간의 관용이 생겨나 처음보다는 그의 이질성을 좀 더 긍정적으로 수용할 수 있는 가능성이 열리기도 하는 것이다.

☑ 수용하기 어려운 이질성을 지닌 타자를 전혀 몰랐을 때와 그를 조금이라도 알았을 때 사이에는 인식의 변화와 관용이 생겨날 수 있다.

☑☑ 수용하기 어려운 이질성을 지닌 타자라도 무조건 멀리 하는 대신 좀 더 알고자 하는 열린 자세를 지닌다.

지식박스

C. Wurst에 대한 기사는 프랑스의 대표적 시사주간지인 '누벨 옵세르바퇴르(Nouvel Observateur)'나 주요 일간지 '르 몽드(Le Monde)'지에도 실린 바 있다. 그는 동성연애자나 트랜스에 대한 사회적 편견을 바꾸는 데 일조하기 위하여 다양한 활동을 벌이고 있다. 패션 디자이너 장 뽈 고띠에(J.-P. Gaultier)의 패션쇼나 파리 카바레 '크레이지 호스(Crazy Horse)'에 초청게스트로 찬조출연하기도 하였다. 그는 '비주류적 성 정체성'을 지닌 성소수자들의 대변인 역할을 하는 것을 중요한 사명으로 삼고 있다.

3. 고정관념과 편견 형성 메커니즘

수업 시간에 학생들은 우선 평소 본인이 특정 민족이나 인종에 대해 지니고 있는 이미지나 의견을 생각나는 대로 자유롭게 적어 보았다. 여러분도 특정 민족이나 인종에 대해 지니고 있는 어떤 견해가 한두 가지는 있을 것이다. 그것이 무엇인지 한 번 생각해 보시기 바란다.

다음은 수업 시간에 학생들이 적어 낸 응답을 일부 인용한 것이다.

> 중국인은 시끄럽다, 북유럽인들은 키가 크다, 흑인은 운동신경이 발달했다, 몽골인은 눈이 좋다, 인디언은 전통을 따른다, 이탈리아인은 잘 생겼다, 미국인은 자유롭다, 인도인은 카레를 좋아한다, 흑인은 노래를 잘 한다, 동남아 사람들은 외국인 노동자, 아랍인은 냄새 난다, 흑인은 달리기를 잘 한다 등.

이어 교수자는 학생들에게 '프랑스인' 하면 떠오르는 이미지도 적어 보도록 하였다. 여러분도 이번에는 '프랑스인' 하면 떠오르는 이미지에 대해 생각해 보시기 바란다.

모두 충분히 생각할 시간을 준 다음, 앞쪽에 앉은 학생 몇 명을 임의로 지적하여 본인이 쪽지에 적었던 의견을 큰 소리로 발표하도록 하였다. 이때 학생 한 명을 앞으로 불러 학우들이 발표하는 내용을 칠판에 받아 적게 하였다. 학생들이 말하는 프랑스인에 대한 몇몇 이미지는 아래와 같다.

프랑스인은:

자유롭다, 호기심이 많다, 골초이다, 하얗다, 예술을 좋아한다, 여유롭다, 자국어에 자부심이 강하다, 느리다, 개인주의가 심하다, 잘 안 씻는다, 다른 문화에 관심이 많다, 이성적이다, 햇빛을 좋아한다, 시간 약속을 안 지킨다, 식사를 오래한다 등.

학습자 응답에서 나타난 프랑스인들의 이미지는 긍정적인 것('호기심이 많다.' '자유롭다', '여유롭다', '예술을 좋아한다' 등)도 있고, 부정적인 것('골초이다', '잘 안 씻는다', '개인주의가 심하다', '시간 약속을 안 지킨다' 등)도 있음을 알 수 있다.

여러분도 각자 프랑스인에 대한 이미지를 머릿속에 떠올려 보았을 것이고 그 이미지는 긍정적이었을 수도, 또는 부정적이었을 수도 있다.

자, 이번에는 여러분 머릿속 이미지와 관련하여 다음 두 질문에 답해 보시기 바란다.

- 여러분은 프랑스인을 실제로 만난 적이 있는가?
- 프랑스인에 대해 여러분이 지니게 된 이미지는 어디서 왔다고 생각하는가?

수업 시간에 세 명의 학생이 프랑스인을 실제로 만난 적이 있다고 답하였다. '프랑스인은 자유롭다'고 한 학생, '프랑스인은 호기심이 많다'고 한 학생, 그리고 '프랑스인은 골초이다'라고 한 학생이다. 그들은 자신의 의견이 각각 다음과 같은 경로를 통해 형성되었다고 답하였다.

'프랑스인은 자유롭다'라고 정의한 학생은 프랑스 남성 한 명을 문학살롱에서 만날 기회가 있었는데, 직업이 소설가인 그는 짧은 만남이었지만 매우 자유로운 분위기를 풍겼다고 하였다.

'프랑스인은 호기심이 많다'고 답한 학생은 프랑스에 한 달 간 체류하며 홈스테이를 한 적이 있으며 그때 만난 프랑스인 가족은 아랍계 프랑스인들로서 한국이나 아시아 국가들에 대해서 지대한 관심을 보이며 늘 많은 질문을 건넸다고 하였다.

'프랑스인은 골초이다'라고 답한 학생은 편의점에서 아르바이트를 하는 학생으로 같은 건물에 사는 프랑스인 손님이 거의 하루도 빠짐없이 담배를 구입하러 들르는 것을 보고 은연중 프랑스인은 골초일 것이라 가정했다고 한다. 그러던 차에 그 손님이 어느 날 자기네 나라 사람들은 정말 담배를 많이 피운다고 직접 알려 주었다고 하였다.

위의 세 학생의 사례는 '프랑스인'이라는 '민족 집단'에 대한 특정 이미지가 실은 극소수 프랑스인과의 접촉에서 얻어진 매우 단편적인 정보에 기반을 둔 것이었음을 알려준다. 학생들은 자신이 만났던 단 한 명 혹은 소수의 프랑스인에게서 받았던 인상을 전체 프랑스인에게로 일반화하면서 '프랑스인'에 대한 일종의 고정관념과 편견을 형성한 것이다.

한편, 수업시간에 프랑스인을 직접 만나본 적이 없다고 답한 대다수 학생들 역시 '프랑스인'에 대한 어떤 이미지는 지니고 있었다. 프랑스인에 대한 이미지를 적어 내지 않은 학생은 한 명도 없었기 때문이다.

프랑스인을 직접 만나 본 적이 없는 학생 중 예를 들어 '프랑스인은 하얗다'라고 답변한 학생 L은 자신이 지니게 된 프랑스인의 이미지가 텔레비전 드라마나 영화를 통해 얻어진 것이라고 답하였다. 이 경우 역시 매우 빈약한 정보, 더욱이 간접정보를 바탕으로 특정 집단 이미지를 형성한 사례이다. L이 지닌 '하얀 프랑스인'에 대한 이미지는 이미 가시적인 다인종·다문화사회인 오늘날 프랑스 사회의 현실과는 매우 거리가 멀다. '프랑스인은 하얗다'라는 고정관념은 프랑스가 월드컵에서 우승한 2002년도 프랑스 국가대표 축구단 사진이나 오늘날 파리 지하철 승객들의 사진을 학생들에게 보여주는 것으로써 효과적으로 완화시킬 수 있었다.

여러분은 어떤가? 여러분도 혹시 극소수의 프랑스인에게서 받은 인상이나 대중매체 등을 통해 얻은 간접 지식으로 무의식중에 전체 '프랑스인'을 단순화, 일반화하고 있지는 않은가?

☑ 고정관념과 편견은 특정 범주에 대한 단편적 정보를 바탕으로 일반화와 단순화를 함으로써 형성된다.

위의 수업사례에서와 같이 각자가 지닌 고정관념과 편견이 어떤 경로를 통해 형성되었는지 살펴봄으로써 학습자들은 어떤 인간집단에 대해 지니고 있는 이미지가 실은 상당히 단편적이고 미약한 근거에 기반을 둔 것임을 인식할 수 있었으며, 그러한 인식으로 자신이 머릿속에 지니고 있는 이미지에 대해 어느 정도 거리를 두는 것이 바람직하다는 점을 이해할 수 있었다.

☑☑ 일반화, 단순화된 특정 범주에 대한 이미지와 거리를 두려는 자세를 갖는다.

프랑스에 체류 중인 한국인 대학원생 K는 자신의 경험담을 다음과 같이 이야기한다.

> 프랑스인 친구들이랑 스키를 타러 간 적이 있어요. 저녁 때 사브와식 퐁뒤(fondue savoyarde)를 먹자는 의견이 나왔고, 녹인 치즈 요리가 괜찮겠느냐고 모두 동양인인 저한테만 의견을 물었지요. 괜찮다고 했더니 곧장 퐁뒤 레스토랑에 가게 되었습니다. 그런데 실은 일행 중 치즈를 전혀 입에 대지 않는 프랑스인 친구가 있었어요. 그 친구는 퐁뒤 전문점에 말없이 따라와 따로 스테이크와 감자튀김을 시켜 먹었답니다! 치즈를 안 좋아하는 프랑스인도 있다는 걸 그때 처음 알았어요!

프랑스인들 중에서도 치즈를 좋아하지 않는 사람도 있고, 자신의 주장을 내세우는 대신 그룹의 대세에 조용히 맞추는 사람도 있다. 특정 문화집단에 대하여 우리가 어떤 이미지를 지니고 있을 때 항상 염두에 두어야 할 사실은 한 문화집단의 내부 구성원들은 동질적이지 않다는 것이다.

☑ 한 문화집단의 내부 구성원들은 동질적이지 않다.

다른 한편, 특정 집단의 구성원이 자신의 모문화에 대해 직접 알려준 정보라 하더라도 그것을 지나치게 신뢰하는 자세도 그리 바람직하지 못함을 지적할 필요가 있다.

앞서 소개한 편의점에 거의 매일 들렀다던 프랑스인 손님은 프랑스인들이 담배를 많이 피운다고 자집단 사람들을 일반화하여 말하였으나 '프랑스인' 집단 내 구성원들은 동질적이지 않기 때문에 그리 쉽게 일반화할 수 없음을 여러분은 이제 이해하였을 것이다. 너무 당연한 이야기 같지만 프랑스인들 중에서 담배를 실제로 많이 피우는 사람이 있는가 하면 조금만 피우거나 아예 안 피우는 사람도 있는 것이다.

나의 대화상대자가 자신의 모문화에 대해 말해주는 단정적인 정보나 의견도 그의 고정관념이나 편견일 수 있다. 따라서 그것을 무조건 신뢰하고 일반화하는 대신 거리두기를 하려는 자세가 바람직하다 하겠다.

☑☑ 나의 대화상대자가 자신의 문화에 대해 알려주는 단정적인 정보나 의견에 대하여 거리를 둘 줄 안다.

4. 고정관념과 편견의 요인 및 문제점

4.1 고정관념과 편견의 주요 요인

필립 드 쇼브롱(Philippe de Chauveron) 감독의 영화 중 2014년도 영화인 'Qu'est-ce qu'on a fait au Bon Dieu?(이하 Q 영화, 한국 제목 '컬러풀 웨딩즈')'라는 영화가 있다. 이 영화는 본서에서 여러 차례 중요한 예시자료로 활용될 것이므로 여기서 전체 줄거리를 간략히 소개하고 추후에 필요한 부분을 다시 발췌하여 인용하도록 하겠다.

지식 박스

뚜르 지방의 쉬농(Chinon)에 사는 부유층이며 독실한 가톨릭 신자인 '토박이 프랑스인' 끌로드 베르뇌유와 마리 베르뇌유 부부에게는 네 명의 장성한 딸이 있다. 그 중 첫째 딸부터 셋째 딸까지는 모두 '이민자가정출신(issu de l'immigration)' 남자와 혼인하였다. 첫째 사위 라쉬드(Rachid)는 아랍인, 둘째 사위 다비드(David)는 유태인, 셋째 사위는 샤오(Chao)는 중국인이다. 세 사위 모두 베르뇌유 부부와 인종도 종교도 다르다. 부부는 마지막 남은 막내딸 로르(Laure)에게 모든 희망을 건다. 막내딸만큼은 가톨릭 배우자를 만나 성당에서 결혼식을 올릴 수 있기를 간절히 바란다.

어느 날 막내딸이 처음으로 남자친구 이야기를 꺼내며 결혼할 의사를 밝혔을 때 극도로 긴장한 부부의 첫 질문은 "그의 이름은?"이었고, 딸이 '샤를(Charles)'이라고 답하자 아버지 끌로드는 즉시 희색을 띠며 "샤를 드골(Charles de Gaulle)처럼?"하고 묻는다. 딸이 그렇다고 하자 그는 매우 흡족한 표정을 짓는다. 부부의 두 번째 질문은 "그 사람 종교가 가톨릭이니?"였고, 또 다시 그렇다는 딸의 대답에 두 부부는 안도의 숨을 내쉬며 무척 기뻐한다. 넷째 사윗감이 아프리카 꼬띠브와르(Côte d'Ivoire) 출신의 흑인이라는 사실을 아직 모르고 있는 상태에서는 그랬다.

막내딸 남자친구와 첫 대면하기로 한 날, 딸과 나란히 레스토랑에 걸어 들어오는 샤를의 모습을 보고 끌로드는 즉시 아내에게 "누구지? 주차요원인가?"하고 묻는다. 곧이어 상황을 파악한 두 부부의 실망하는 모습이 역력하다.

'문화적 이질성'을 지닌 넷째 사윗감의 등장 소식에 끌로드와 마리뿐 아니라 세 명의 사위들 역시 일제히 거부반응을 보인다. 본인들 역시 '토박이 프랑스인이 아닌 프랑스인'의 범주에 속하면서도 동일 범주의 일원이 한 명 더 늘어난다는 것을 상당히 부담스러워 하면서 말이다.

☑ 다문화된 사회에서 인종, 종교, 출신문화적 요인은 고정관념과 편견을 발생시키는 주요 요인들이다.

4.2 실재와의 불일치 현상

베레모를 쓰고 파이프 담배를 입에 물고 옆구리에 바게트 빵을 낀 채 에펠탑을 배경으로 느릿느릿 개를 산책시키는 프랑스인의 이미지는 여러분에게 그리 낯설지 않을 것이다.

물론 프랑스인에 대한 그런 추상적 이미지가 프랑스나 프랑스인에 대한 막연한 지식 차원에만 머문다면 머릿속에 그런 이미지를 지니고 있는 것도 나쁘지만은 않다. 그런 이미지는 프랑스를 조금이나마 안다고 느끼기 위해서 유용하기도 하다.

하지만 실제로 프랑스인과 상호작용하는 상황에서는 우리 머릿속에 그리고 있는 '프랑스인'에 대한 이미지는 문제가 될 수도 있다. 그것이 실재하는 나의 대화상대자와 반드시 일치한다는 보장은 없기 때문이다.

지식박스

Q 영화에서 중국인계 셋째 사위 '샤오'는 아내의 식구들을 집에 초대하여 정성스럽게 손수 요리한 음식을 대접한다. 그런데 식사 도중 인종 및 종교 문제와 관련하여 식구들 간에 언쟁이 벌어지게 되고 그 와중에 '인종차별주의자(raciste)'라고 공격을 받아 마음이 몹시 상해 버린 장인 '끌로드'가 본식이 끝나기도 전에 자리를 뜨려고 일어서자 샤오는 장인에게 그래도 준비한 디저트는 들고 가시라고 붙잡는다. 그러자 끌로드는 샤오를 향해 "난 리치(lychee)를 안 좋아하네!"하고 외치고는 문밖으로 나가버린다.

샤오는 황망한 얼굴로 "내 디저트는 리치가 아닌데 …" 한다. 그는 오븐에서 노르망드식 사과파이를 꺼내들면서 "힘들게 '노르망 파이(tarte normande)'를 준비했는데 …"하고 격앙된 어조로 혼자 웅얼거린다.

끌로드는 자신의 눈에는 단지 '중국인'일 뿐인 셋째 사위 '샤오'를 중국인에 대한 통상적인 고정관념과 편견이 담긴 시선으로 바라보았다. '중국인'의 식습관에 대해서도 단정적인 의견을 지니고 있던 그는 프랑스의 모든 중국식당에서 약속이라도 한 듯 내놓는 대표적 디저트인 '리치 디저트'를 '샤오'도 준비했을 것이라는 잘못된 가정을 하였다. 그래서 '샤오'가 실제로는 매우 프랑스적인 노르망드식 사과파이를 준비했는데도 그런 가능성에 대해서는 전혀 짐작지도 못한 것이다. 장인 끌로드는 이처럼 고정관념과 편견적 이미지를 통해 사위를 바라보았고, 그로 인해 '디저트'에 대해 잘못된 판단을 내렸으며 '샤오'에게는 상처를 주었다.

고정관념과 편견이 안고 있는 가장 큰 잠정적 문제점이 바로 이것인데, 바로 고정관념과 편견이 사실과 달라 타자와 실제로 상호작용을 할 때 실체를 볼 수 없도록 가로막을 수 있다는 점이다. 또한 편견의 대상이 된 당사자에게 상처를 준다는 점이다.

수업에서 교수자는 학습자들이 그려 본 정체성 도식[2)]을 다시 꺼내들게

2) 정체성 도식은 제2장 참조.

하였다. 그리고 본인의 복수정체성 가운데서 사회적 편견의 대상이 된 적이 있던 정체성 측면은 무엇인지 표시해 보고 편견을 받았을 때의 느낌을 회상해 보도록 하였다.

여러분도 한 번 회상해 보시기 바란다. 여러분의 복수정체성을 구성하는 여러 정체성면들 가운데서 편견의 대상이 되었던 정체성 측면은 무엇이었으며 편견을 받았을 때의 느낌은 어떠하였는가?

예를 들어 수업에서 학습자 J는 '외동딸'이라는 정체성 측면이 특히 사회적 편견의 대상이 되었다고 밝히며 다음과 같이 적고 있다.

> 외동딸이라 하면 사람들은 흔히 의존적이고 이기적이라는 편견을 가지고 있다. 나는 전혀 그렇지 않기 때문에 사람을 처음 만났을 때 되도록 말하지 않는다.
>
> 사람들은 나중에 외동딸이라는 사실을 알고 "전혀 외동 같지 않은데!"라고 한다. 계속 첫 만남 때는 '외동딸'을 비밀로 해 두어야겠다.

사람들이 일반적으로 생각하는 '외동딸'에 대한 이미지는 실제 자신과 일치하지 않는다고 한 J의 말에서도 알 수 있듯이 어떤 집단에 대한 통상적인 이미지와 실재하는 개인 사이에는 이처럼 거리가 있는 경우가 많다. J는 편견으로부터 자신을 보호하기 위하여 외동딸이라는 사실을 처음에는 사람들에게 밝히지 않는다고 하였다. 사회적 편견이 한 개인의 상호작용 방식에 구체적으로 영향을 준 한 예이다.

수업시간에 학생들은 그 밖에도 '사투리', '첫째', '막내', 'B형', 'AB형', '지방출신', '여자' 등과 같은 요소를 편견 요인으로 지적하였다.

여러분에게도 분명 타자의 편견 어린 시선을 받아 상처를 입었거나 부당함을 느꼈던 정체성 측면이 하나쯤은 있었을 것이다. 그 느낌을 회상하며 추상적인 특정 집단 이미지와 실재하는 개인은 다른 경우가 많음을 본인의 사례를 통해 다시 한 번 깨닫고 그렇게 깨달은 바를 타자에게도 적용시켜 보면 어떨까?

☑ 실재하는 개인은 그가 소속된 집단의 이미지와 완전히 일치하지 않는다.

☑ 고정관념과 편견으로 실체를 보지 못하여 상대에게 상처를 주거나 잘못된 판단을 내릴 수도 있다.

☑☑ 타자를 고정관념적 이미지가 아닌 실재하는 개인으로 보도록 의식적으로 노력한다.

➲ 퀴즈 Quiz:

하얀 강아지 주인

프랑스에서 유학했을 당시 충격 받았던 기억을 회상하는 S의 이야기를 하나 들어보자.

> 동네 공원에 산책 나갔을 때의 일이에요. 프랑스인 할머니 한 분이 눈부시게 새하얗고 털이 곱슬곱슬한 조그만 강아지를 산책시키고 있는 게 보였어요. 강아지가 너무 예쁘고 귀여워서 좀처럼 시선을 떼지 못하고 계속 바라보고 있었죠. 그런데 갑자기 강아지 주인 할머니가 가던 길을 멈추고 내 쪽으로 몸을 휙 돌리더니 날카로운 목소리로 묻는 거예요 "왜, 먹고 싶냐?(Pourquoi, tu veux manger?)"하고요. 어찌나 충격을 받았던지 …

위 사례는 프랑스인 할머니가 동양인에 대해 지니고 있는 어떤 고정관념과 편견을 드러내는가?

5. 고정관념과 편견의 저항 속성

프랑스에 살고 있는 한국인 직장인 여성 H가 자신의 동료인 '인도인 D'에 대해 이야기하는 바는 매우 흥미롭다. 그 내용은 다음과 같다.

> 제 회사 동료 D는 인도 여자예요. 프랑스에서 태어났고 부모님이 모두

인도인이지요. 저는 인도음식을 상당히 좋아해서 D한테 잘 하는 인도식당을 알려달라고 여러 번 부탁했어요. 그런데 한참 지나도 안 가르쳐 주더군요. 저는 그 친구가 제 부탁을 계속 잊어버렸거나, 아니면 좋은 식당 주소를 혼자만 간직하고 싶어서 그랬겠거니 하고 조금 서운해 하고 있었어요. 그러던 어느 날 D가 인도식당에 같이 가자고 제안해 오더군요. 드디어 진짜 인도인이 하는 정통 인도요리를 맛볼 수 있겠구나 싶어 들뜬 마음으로 따라갔어요. 그런데 뭐랄까 … 그 식당은 기대와 달리 전체적인 느낌이 참 별로였어요. 왜 그 곳을 택했을까 의아한 생각이 들어 D에게 물었지요. 그 식당 자주 가는 곳이냐고요. 그랬더니 D 왈, 자기도 처음 가는 곳이라는 거예요! 전날 밤에 그냥 인터넷에서 검색했대요. 실망스럽고 당혹스러웠어요. 아니, 인도인이면 일반인은 잘 모르는 좋은 식당 한두 개쯤은 원래 알고 있어야 하는 거 아닌가요?

나중에야 알게 된 사실인데, D는 인도식당에는 거의 가지 않는대요. 집에서도 인도 음식은 거의 해먹지 않고 프랑스식으로 식사한다고 했어요! 정말 의외였지요. 하긴, D네 놀러 갔을 때 주방에 프랑스 요리책만 놓여 있던 게 기억나요. 자신의 문화를 의도적으로 거부하고 있는 듯한 D가 안쓰러운 생각이 들었지요.

그로부터 얼마 안 있어 D는 프랑스 남자와 결혼했어요. 결혼 후 부부는 인도로 신혼여행을 다녀왔답니다. 여행 소감을 물었더니 D가 갑자기 흥분한 목소리로 인도에서 목격했던 남성우월주의와 남녀차별에 대해 신랄하게 비판하며 양성평등과 가정 내 균등한 가사분담을 외치는 거예요. 그런 D의 모습이 제 눈에는 무척 생소하게 비쳤답니다. 자신도 인도인이면서 인도인과 인도 사회를 그렇게까지 목청 높여 비판하다니 … 자신의 문화를 부정하는 D의 모습이 썩 좋게 보이지 않았어요.

시간이 많이 흐르고 난 어느 날 저는 갑자기 깨달았어요. 'D는 인도인이 아니고 프랑스인이구나!'하고요. 뒤통수를 한 대 얻어맞은 듯한 느낌이 들었답니다.

한국인 H는 D가 전형적인 인도인의 외모를 지녔고 부모도 모두 인도인이므로 추호의 의심도 없이 D 역시 '당연히' 인도인이라 단정하였고 인도인이라면 파리 시내의 진짜 인도 식당 한두 개쯤은 '당연히' 알고 있을 것이라는 고정관념과 편견을 지니고 있었다.

H는 D가 프랑스에서 태어났고 프랑스식 교육을 받았다는 사실을 잘 알고 있었다. 그러나 그러한 객관적 사실은 가령 같이 갔던 인도 식당의 정통성에 대해 의문이 생겼을 때 전혀 고려의 대상이 되지 않았다. 그리고 H는 D에 대해 여러 번 잘못된 판단을 내린다. 자신의 부탁을 계속 잊어버렸거나 좋은 식당 주소를 혼자만 간직하고 싶어서 식당 추천을 안 해 주었겠거니 생각하고 서운해 한 것이나, D가 평상시에 프랑스식으로 식사한다는 사실을 알았을 때 그녀가 '자신의 문화인 인도 문화'를 의도적으로 거부한다고 믿고 안쓰러워했던 것, 또한 D가 인도에서 목격했던 남성우월주의를 비판할 때 '자신의 문화인 인도문화'를 비판하는 것이 안 좋게 느껴졌던 것 등이다.

D에 대한 이와 같은 일련의 잘못된 판단은 H가 처음부터 D를 '인도인 동료'라고 명명하면서 D를 애당초 '인도인'이라 낙인찍어 버린 것에서부터 비롯된다. H는 D를 무엇보다도 '인도인'으로 바라보았고, 또 인도인과 관련되는 전형적인 모든 특성들을 D에게서 발견하리라 무의식적으로 기대했던 것이다. 이와 같은 고정된 시각으로 인해 자신의 예상에서 빗나갔던 D의 여러 행동을 직접 목격할 기회가 여러 차례 있었음에도 불구하고 H에게는 그것이 유의미한 정보로 비춰지지 않았던 것이다.

H는 시간이 꽤 흘러서야 D가 실은 겉모습만 인도인이지 정신세계, 추구하는 가치, 전반적 삶의 방식 등은 완전히 '프랑스인'이라는 사실을 깨달을 수 있었다. H가 자기 내부에 존재하던 고정관념과 편견에 대해 인식하기까지는 꽤 많은 시간이 걸렸던 것이다.

우리 모두에게는 새로운 정보를 접해도 그것을 받아들여 재해석의 자료로 삼기보다는 단순한 예외라 치부해 버리고 한쪽으로 밀어놓고는 본래의 견해를 고수하려는 자연성향이 있다. 그래서 일단 형성된 고정관념이나 편견은 명백한 불일치 표본 앞에서도 수정되기 어려우며 오랫동안 지속되는 것이다. 달리 표현하자면 고정관념과 편견은 '저항 속성'을 지닌다 하겠다. 위의 H의 사례도 고정관념과 편견의 저항 속성을 잘 보여준다.

☑ 한 번 형성된 고정관념과 편견은 불일치 표본 앞에서도 수정되기 어려운 저항 속성을 지닌다.

☑ 자신의 고정관념과 편견을 인식하기란 쉽지 않다.

☑☑ 고정관념과 편견의 저항 속성에 대해 인식하고 기존 정보나 이미지를 새로운 정보에 비추어 재검토 혹은 수정할 줄 아는 열린 마음자세를 지닌다.

➲ 퀴즈 Quiz:

모두 프랑스인?!

여러 인종과 민족이 섞여 사는 프랑스에서 생활하면서 놀랐거나 충격 받은 기억에 대해 회상하는 한국인 Y의 이야기를 들어보자. 당시 Y는 프랑스에서 생활한 지 6년이 되었으며 파리의 한 사설어학원에서 한국어를 가르치고 있었다고 한다.

> 첫 수업시간에 한국어 배우러 온 학생들이 거의 다 자신을 '프랑스인'이라고 소개해서 쇼크 받은 기억이 있어요. 내 눈엔 베트남인, 모로코인, 아프리카인인데 … 심지어 한국인 입양아까지도 조금도 주저하지 않고 자기를 '프랑스인'이라고 소개하는 거예요!

우리는 Y의 말에서 민족이나 인종에 관한 어떤 한국인적 고정관념과 편견을 읽을 수 있는가?

6. 고정관념과 편견의 상호성

지식박스

Q 영화에서는 등장인물들이 자신과 상이한 문화권 사람들에 대해 마음 속 깊이 품고 있는 고정관념과 편견이 여러 장면에서 드러난다.

장인 '끌로드 베르뇌유'는 유색인종이 밀집되어 거주하는 '파리의 바르베스(Barbès) 지역은 하나의 충격'이었다고 고백하면서 그곳에는 '길거리에 프랑스인이 한 명도 안 돌아다닌다'고 말해 사위들을 아연실색하게 만든다. 그는 또 샤를(Charles)의 모습을 처음 보고 대뜸 "누구지? 주차요원인가?"하고 아내에게 묻는가 하면, 유태인의 할례(circoncision)의식이 '야만적(barbare)'인 것 같다고 토로한다. 그리고 세 명의 사위에게 '이민자가정출신'인데도 프랑스 국가를 제대로 알고는 있는지 확인해 보기도 한다.

한편 장모 '마리 베르뇌유'는 리셉션장에서 한 모금 맛본 포도주가 입맛에 맞지 않자 잔에 되뱉으면서 "이거 까쉐르(casher)[3] 포도주인가?"라며 중얼거린다. 또한 그녀는 유태인은 누구나 까쉐르 고기를 먹고 아랍인은 누구나 할랄(halal) 고기를 먹는다고 굳게 믿고 있다.

Q 영화에는 흑인인 샤를의 아버지 앙드레(André)가 백인에 대해 지니고 있는 고정관념과 편견도 상당수 나온다. 앙드레는 "프랑스인은 못됐고 멍청하다(Les Français sont mauvais et bêtes.)"며 프랑스인을 한데 묶어 부정적인 견해를 피력하는가 하면 "백인은 아프리카를 약탈했다"든지 "백인의 접시에는 음식량이 적어 도무지 먹을 것이 없다"며 백인을 부정적으로 일반화하기도 한다.

Q 영화에서는 프랑스 사회를 구성하는 다양한 '출신문화집단'을 동시에 등장시켜 주요 등장인물이 '이질적 타자'에 대해서 지니고 있는 다양한 고정관념과 편견의 예를 다중적으로 조명해 보임으로써 고정관념과 편견이란 어

3) 코셔(kosher)의 프랑스식 표기.

느 특정 인물(혹은 집단)이 타자(혹은 타집단)를 향해서 지니고 있는 일방향적인 어떤 것이 아니고, 상호작용을 하는 개인들(혹은 집단들) 사이에 쌍방향적으로 작용하는 것임을 잘 묘사하고 있다. 백인의 유색인종을 향한, 또 유색인종의 백인을 향한 고정관념과 편견이 있고, 사위들이 서로가 서로에 대해 지니고 있는 고정관념과 편견이 있다.

지식박스

Q 영화에서 서로 상이한 출신문화를 지닌 사위들 간에 오고 간 고정관념과 편견적 발언 역시 무수히 많다. 예를 들어 다비드는 샤오를 향해 '중국인은 무슨 생각을 하는지 영 알 수 없다'는 말로 비아냥거리고, 라쉬드도 다비드를 거들면서 '중국인은 웃지도 않고 인사도 안 한다'고 말한다. 다비드는 '아프리카인은 성적으로 뜨겁다'고도 묘사한다.

사위들은 특히 상대방의 진짜 이름을 그가 속한 집단에서 잘 알려진 인물의 이름으로 바꿔 부르곤 한다. 예를 들어 둘째 사위 다비드는 크리스마스를 온 가족이 함께 친정집에서 보내게 될 것이라고 알려주는 아내에게 "거기 성룡과 아라파트도 와?"하고 묻는다. '성룡'과 '아라파트'는 각각 중국인 샤오와 아랍인 라쉬드를 가리킨다. '샤오'와 '라쉬드'를 '성룡'과 '아라파트'로 바꾸어 명명함으로써 그는 의도적으로 샤오와 라쉬드의 개인성을 집단성으로 대체해 버린 것이다. 다비드뿐 아니라 라쉬드와 샤오 역시 나머지 두 명을 집단의 대표 인물명으로 바꿔 부르며 타자를 한 개인이 아닌 집단의 일개 구성원으로 간주하겠다는 의도를 명확하게 드러낸다.

한편 샤를의 아버지 앙드레 역시 아들에게 "그래, 너 로르(Laure)라는 여자랑 산다며?"하고 묻는 대신에 "그래, 너 까뜨린 드뇌브(Catherine Deneuve)랑 산다며?(Alors, comme ça, on vit avec Catherine Deneuve?)" 하고 물음으로써 샤를의 여자친구 '로르'의 개인성을 '드뇌브'로 대표되는 '프랑스 여자'라는 집단성으로 대체해 버린다.

이처럼 인종적으로 이질적인 타자를 그가 속한 집단에서 꽤 잘 알려진 인물의 이름으로 대체하여 지칭하는 것은 타자를 고정관념적으로 인식하는 전형적인 모습이다. 이런 명명 방식 역시 Q 영화의 등장인물들 사이에서 쌍방향적으로 나타난다.

☑ 고정관념과 편견은 개인 간에 상호적으로 존재한다.

이질적 문화를 지닌 개인들이 상호작용할 때 '개인'보다는 개인이 속한 집단의 이미지로 서로서로를 바라보려는 자연적 성향이 우리 모두에게 있다. 그와 같은 자연 성향을 극복하고 성공적인 상호문화적 소통에 이르기 위해서는 이미 언급하였듯이 타자에게서 내 머릿속에 도식으로 자리 잡고 있는 어떤 특정 집단의 이미지를 발견할 것이라 기대하기보다는 내 머릿속 이미지의 실제성에 대해 의문을 가져보고 그것과 어느 정도 거리를 두면서 그 '사람' 자체를 보고자 하는 노력을 기울일 필요가 있다.

그런데 타자와의 상호작용 상황에서 일단 내가 타인에 대해 지닌 고정관념을 강화시키지 않고 편견을 얼마간 극복하는 데 성공했다 할지라도 타자 역시 나를 향한 자신의 고정관념과 편견적 시선을 약화시키려는 노력을 기울이리라는 보장은 없다. 따라서 상대방이 얼마간의 고정관념과 편견을 지닌 채 나를 바라보고 있을 수도 있다는 사실에 대해서도 어느 정도는 인식하고 있을 필요가 있겠다.

☑☑ 다른 문화권의 타자도 우리를 바라볼 때 고정관념과 편견에서 자유롭지 못함을 인식한다.

✎ 퀴즈 답변요소

하얀 강아지 주인

그 프랑스인 할머니처럼 동양인이 강아지를 뚫어져라 바라보면 분명 잡

아먹고 싶어서일 것이라는 강한 편견에 사로잡혀 있는 사람에게는 그 외의 이유는 상상하기 어려울 지도 모른다. 그 할머니는 동양인에 대해 근본적으로 비우호적인 의견을 지니고 있었을 가능성도 높다. 어쨌든 하얀 강아지의 주인 할머니가 동양인에 대해 지니고 있는 고정관념과 편견은 실제와는 전혀 달랐으며, 그 편견의 대상이 된 S에게 충격과 상처를 주었다.

모두 프랑스인?!

프랑스는 법적으로 속지주의(droit du sol)를 채택하고 있는 나라이다. 따라서 프랑스에서 태어난 사람은 모두 프랑스인이다. 베트남계, 모로코계, 아프리카계 등등의 이민자가정 자녀들은 부모가 프랑스인이 아니어도 프랑스에서 태어난 이상 자동적으로 프랑스인이 된다. 그리고 그들 스스로도 자신을 프랑스인이라 여긴다. 프랑스로 입양된 한국인 입양아도 마찬가지로 자신을 의심의 여지없이 프랑스인이라 생각한다.

한편, 프랑스와는 달리 속인주의(droit du sang)를 채택하고 있는 한국적 시각에서 본다면 프랑스에서 태어났거나 프랑스에 입양되었어도 일단 인종이 다르면 '진짜 프랑스인'이 아니라는 시각이 지배적이다. 그들은 여전히 베트남인, 모로코인, 아프리카인, 한국인으로 남는 것이다. 이것은 Y가 한국에서 사회화 과정을 거치면서 지니게 된 국적과 관련된 일종의 고정관념과 편견이다. 이처럼 속인주의적 사고를 하는 한국인 Y는 속지주의적 사고를 하는 이민자가정출신의 프랑스인 학생들 말에 무척 놀랐던 것이다.

CHAPITRE 4

자민족중심주의

Ethnocentrisme

CHAPITRE 4

자민족중심주의

Ethnocentrisme

본 단원에서는 자문화의 프리즘으로 타문화를 바라보는 인간의 자연성향을 깨닫고 그러한 자연성향이 문화적 이질성을 지닌 타자와 상호작용하는 상황에서 어떻게 작용하는지 이해하여 본다.

☑ 단원 세부 교육목표

〈자1〉 문화에 따라 다양한 인식 방식이 존재함을 안다.

〈자2〉 우리에게는 자문화의 프리즘으로 타문화를 바라보는 자연성향이 있음을 안다.

〈자3〉 타문화를 자문화의 프리즘이 아닌 그 문화의 고유한 맥락 안에서 바라보기는 어렵다는 점을 이해한다.

〈자4〉 타문화의 상황이 이상하거나 비정상적으로 보이는 것은 자문화의 프리즘 때문일 수 있음을 이해한다.

〈자5〉 자신에게는 친숙하고 자연스러운 것이 타문화권 타자의 눈에는 이상하고 부자연스러운 것으로 인식될 수도 있음을 안다.

〈자6〉 자문화를 외부의 시선에서 바라보기는 어렵다는 점을 이해한다.

〈자7〉 문화란 자명한 것(évidence)이 아니며 질문을 던져 볼 수 있는 대상(objet questionnable)임을 안다.

위의 〈자1〉-〈자7〉을 상호문화적 소통상황에서 적극 활용한다.

1. 자문화의 프리즘

이 절은 퀴즈로 시작해 보기로 하겠다.

➲ 퀴즈 Quiz:

세 종류의 빵 이야기

누군가 우스갯소리로 다음과 같이 말했다. 이 말을 한 사람은 흑인, 백인, 황인 중 어느 인종일 가능성이 가장 높을까?

> "옛날 옛적에 신께서 빵을 만드셨대. 첫 번째 빵은 깜빡 조시다가 그만 까맣게 타버렸대. 그 다음 빵은 너무 일찍 꺼내시는 바람에 희멀건 빵이 되었대. 마지막으로 아주 집중하셔서 드디어 제대로 잘 구워진 노릇노릇한 빵을 만드실 수 있었대. 이렇게 해서 생겨난 게 세 인종이야. 까맣게 탄 빵은 흑인, 희멀거니 덜 구어진 건 백인, 그리고 노릇노릇 잘 구워진 건 황인~!"

지식박스

영화 '화씨 451도(Fahrenheit 451, 이하 F 영화)'는 프랑스 영화사에서 빼놓을 수 없는 주요 영화감독 중 한 명인 '프랑수와 트뤼포(François Truffaut)' 감독의 1966년도 작품이다. 이 작품은 트뤼포 감독의 다른 영화와 달리 누벨바그(Nouvelle Vague) 계열의 영화는 아니나 감독을 대표하는 주요 작품 중 하나다. 1953년에 미국에서 출간된 Ray Bradbury의 동명소설을 트뤼포가 각색하고 감독하였다.

F 영화의 내용은 대략 다음과 같다.

F 영화에는 책을 읽거나 보유하는 것이 엄격히 금지되어 있으며 감춰진 책을 찾아내어 불사르는 것이 소방관의 주된 업무인 가상적 전체주의 사회가 묘사되어 있다.

영화 속에서 주인공 기 몬택(Guy Montag)은 소방관이다. 그는 숨겨진 책들을 노련하게 찾아내어 불태우는 작업을 훌륭히 수행해 내면서 승진 일보 직전에 있다. 그는 퇴근 후에는 아내 린다(Linda)와 텔레비전을 시청하곤 하는데 방송에 푹 빠져 있는 아내와는 달리 그는 전혀 흥미를 느끼지 못한 채 기계적으로 화면을 바라본다. 그러던 어느 날 몬택은 이웃집에 사는 여인 클라리스(Clarisse)를 길에서 만나 대화를 나누게 되며 그때부터 그에게는 책에 대한 새로운 관심이 생기고, 얼마 안 가 책 읽는 즐거움에 푹 빠져 버린다. 어느 순간부터 몬택은 업무수행 중 발견한 책들을 모두 불사르는 대신 몇 권을 품속에 숨겨가지고 집에 돌아와 밤마다 몰래 읽기 시작한다. 한밤중에 책 읽기에 열중인 남편을 발견한 아내 린다는 소스라치게 놀라며 집 안에 책이 존재한다는 사실에 몸을 떤다. 그녀는 결국 남편을 경찰에 밀고하고 집을 나가 버린다. 아내의 신고로 몬택은 상사와 동료들에 둘러싸여 자기 집으로 출두하게 되는데, 실랑이 끝에 자신에게 총부리를 겨눈 상사를 살해하고 경찰에 쫓기는 신세가 된다. 그는 결국 클라리스와 함께 책을 좋아하는 소수자들이 모여 사는 비밀마을로 찾아가 그들과 함께 숨어서 살아가게 된다는 이야기이다.

수업에서 교수자는 F 영화의 줄거리를 학습자들에게 간략히 소개한 후, '소방관들이 소방차를 타고 출두하여 책을 찾아내어 불사르는 장면, 기 몬택이 임무에 충실하며 열심히 근무하는 장면, 기 몬택과 그의 아내 린다가 거실에서 함께 텔레비전을 시청하는 장면, 이웃집 여인 클라리스와 기 몬택이 대화를 나누며 걸어가는 장면, 기 몬택이 밤중에 몰래 책을 읽는 장면, 이를 발견한 아내 린다와의 말다툼 장면, 린다가 집을 나가버리는 장면, 기 몬택이 자기 집에 스스로 불 지르는 장면'을 학생들과 함께 보았다.

영화장면 감상 후 교수자－학습자 간 상호작용은 다음과 같이 진행되었다. 여러분도 아래 질문에 답하면서 읽어가 보시기 바란다.

교: 여러분, 영화 속 사회가 어떤가요?
학: … ??? ….

敎: 예를 들어, 자연스러운가요? 부자연스러운가요? 정상적인가요? 비정상적인가요?

學: 비정상적이요~!

敎: 확실해요?(교수자는 강의실을 둘러보며 전체 학습자 반응을 살핌)
네, 알았습니다.
그렇다면, 여러분이 본 사회가 왜 '비정상적'이라고 생각하시나요?

學1: 소방관이 불을 질러요, 불을 끄지는 않고.

學2: 시민들이 알 권리가 없어요.

學3: 책 읽는 것을 금지해요.

學4: 아내가 자기 남편을 고발해요.

敎: 여러분에게는 그럼 어떤 상황이 정상적이고 자연스러운가요? … 예를 들어 소방관이 책에 불을 지르는 대신 불을 끄는 것? 사람들이 책을 읽을 권리가 있는 것?

學: 네에~

(잠시 휴지기를 둔 후)

敎: 그런데 여러분은 그걸 어떻게 확신하죠? 여러분은 무엇을 근거로 영화 속 사회가 비정상적이라고 확신하며 답할 수 있었나요?

學: …

교수자는 학습자들이 무의식적으로 영화 속의 사회를 한국 사회와 같이 자신들이 '초기 사회화(socialisation initiale)'를 겪어 이미 잘 알고 있는 친숙한 사회의 문화와 비교했을 가능성이 높음에 대하여 지적하였다. 학습자의 모문화 사회인 현대 한국사회에서는 책을 소유하거나 읽을 권리가 '당연히' 있고, 소방관의 '정상적' 업무란 바로 불을 끄는 일이므로, 이에 비추어 학생들이 '확신을 갖고' 영화 속에서 보았던 금서 규칙이나 소방관의 업무내용을 비정상적이라 판단하였을 것임을 지적한 것이다. 즉, 영화 속의 이질적 사회를 접하게 된 학습자들은 자신도 모르게 자문화의 프리즘으로 타문화 상황을 바라보았을 것이라는 점이다.

☑ 우리에게는 자문화의 프리즘으로 타문화를 바라보는 성향이 있다.

아마 여러분 역시 위의 학습자들과 마찬가지로 모문화의 프리즘으로 영화 속 사회를 바라보며 그 사회를 '비정상적'이라 판단했을 것이다.

그런데 여러분이 영화 속 사회에서 처음부터 태어나고 자랐다고 가정해 보자. 만일 그랬다면 어땠을까? 혹시 여러분 역시 '린다'처럼 책이란 인간에게 유해한 것이며 멀리 해야 하는 것이라 믿지 않았을까? '린다'의 관점에서 보자면 오히려 여러분의 문화가 이상하고 비정상적으로 보일 수도 있다. 어쩌면 그녀는 '세상에, 소방관이 불을 끄다니! 책을 자유롭게 소유하고 기분 내키는 대로 읽는 사회가 있다니!'하고 무척 놀랐을 수도 있다. 여러분과 마찬가지로 '린다' 역시 자문화의 프리즘으로 타문화 상황을 바라보는 자문화 중심적인 인식과 해석 메커니즘을 작동시킬 것이기 때문이다.

각 개인은 타문화 상황까지도 자문화의 프리즘으로 바라보는 자연성향을 지닌 까닭에 자문화에 비해 상당히 이질적인 타문화적 요소를 접할 경우 그것을 쉽사리 이상하거나 비정상적이라 간주하곤 하는 것이다.

따라서 자신과 상이한 문화를 지닌 타자와의 상호작용에서 이상하거나 비정상적으로 보이는 타문화적 요소를 접하게 된다면 그것에 대한 단정적 판단을 일단 유보하고 자신이 혹시 자문화의 프리즘으로 그의 문화를 바라보고 있지는 않은지 한 번쯤 자문해 볼 필요가 있다. 그리고 더 나아가 타문화 상황을 그 문화의 고유한 맥락 안에서 이해해 보고자하는 자세도 필요하겠다.

☑ 타문화 상황이 이상하거나 비정상적으로 보이는 것은 자문화의 프리즘의 영향일 수 있다.

☑☑ 타문화 요소가 비정상적으로 보이거나 이해되지 않을 경우 그것이 자문화의 프리즘 탓은 아닌지 자문해 보면서 타문화의 상황을 그 문화의 고유한 맥락 안에서 이해해 보고자 노력한다.

자기 모문화의 프리즘으로 세상을 바라보는 것을 자민족중심주의(ethnocentrisme)라 한다. 모문화의 기준이 보편적이고 자연적이라 여기며 세상을 바라보기에 타문화 현상조차도 자문화의 기준으로 인식, 해석, 판단하는 것을 가리킨다. 역사적으로 프랑스나 중국과 같은 나라처럼 의식적으로 자문화를 세상의 '중심'으로 여기는 의식적인 자민족중심주의도 있지만 보다 보편적인 자민족중심주의는 무의식적 자민족중심주의이다. 무의식적 자민족중심주의는 말 그대로 무의식 영역에 속하므로 그것의 존재에 대해 인식하기란 상당히 어렵다. 본서에서는 무의식적 자민족중심주의를 중점적으로 다룬다.

한편, 집단차원의 개념인 자민족중심주의(ethnocentrisme)는 개인차원의 개념인 자기중심주의(égocentrisme)에 비견할 만하다.

지식박스

프랑스인들의 '의식적인 자민족중심주의'는 그들이 사용하는 언어표현에서도 고스란히 드러나는데 그 대표적 예로는 'La Grande Nation, Le Grand Siècle, la plus belle avenue du monde' 등이 있다.

신문과 같은 매체에서 프랑스인들은 자국 '프랑스'를 가리켜 기꺼이 '대국(la Grande Nation)'이라 칭하고, '샹제리제 대로'를 거침없이 '세상에서 가장 아름다운 대로(la plus belle avenue du monde)'라고 표현하며, '몰리에르의 언어(la langue de Molière)'인 '프랑스어'를 '세상에서 가장 아름다운 언어(la plus belle langue au monde)'라는 이름으로 극찬한다. 또한 역사상 국제무대에서 프랑스의 위상이 절정에 달했던 루이 14세 통치 하의 17세기를 '위대한 세기(Le Grand Siècle)'라 부른다!

자민족중심주의를 논할 때 한 가지 유의할 점이 있는데 그것은 바로 개별 문화의 특수성을 지나치게 강조하다 '문화적 상대주의(relativisme culturel)'의 함정에 빠지지 않도록 하는 것이다. 가령 '책 읽기를 금하는 사회'와 '책 읽기가 자유로운 사회'는 '인류보편적 가치(valeurs universelles)'라는 관점에서 보았을 때 분명 등가이지 않다.

지식박스

프랑스 대혁명이 일어난 1789년, 국민의회의 '프랑스 인권선언(Déclaration des droits de l'Homme et du citoyen)'에는 모든 인간이 기본적으로 지닌다고 간주되는 인간의 기본권이 명기되어 있다.

총 17개 조항 중 제11조에서는 '사상과 의견의 자유로운 소통(la libre communication des pensées et des opinions)'은 '인간의 가장 소중한 권리의 하나(un des droits les plus précieux de l'homme)'임을 명시하고 있다.

위 프랑스 인권선언에 비추어 보았을 때 책 소유 및 독서를 불법화함으로써 사상과 의견의 자유로운 소통을 억압하는 F 영화 속의 사회는 인류보편성의 가치에 어긋나는 사회다.

자문화의 프리즘으로 타문화를 보지 않도록 노력한다는 말은 각 문화의 특수성을 극도로 존중한 나머지 개별 문화 간에 그 어떤 비교도 할 수 없다고 믿거나 모든 문화를 분별없이 있는 그대로 수용해야 한다는 의미는 아니다.

➲ 퀴즈 Quiz:

광고와 스타

프랑스에 와서 여러 달 체류한 한국인 회사원 K는 무척 의아해하면서 이렇게 말했다.

> "근데 프랑스에서는 왜 TV 광고, 지하철 광고, 이런 데 스타를 쓰지 않지요? 광고엔 스타를 써야지!"

K의 말은 어떤 면에서 자민족중심주의를 드러내고 있는가?

➲ 퀴즈 Quiz:

크레용 색깔명

예전에 한국에서 쓰던 크레용에는 자민족중심주의적 성격이 짙은 색깔명이 하나 있었다. 그 색깔의 이름은 무엇일까?

2. 외부의 시선으로 자문화 바라보기

어느 문화집단에나 내부 구성원들에게는 매우 익숙하나 상이한 문화권의 타자에게는 이상하게 비칠 수도 있는 문화적 요소가 있다. 몸짓문화는 그 좋은 예이다. 몸짓문화와 같이 친숙한 자문화적 요소는 외부의 시선으로 바라보기가 무척 어려운데, 이와 관련하여 교수자는 수업에서 한국 사람들이 자연스럽게, 혹은 거의 조건반사적으로 취하곤 하는 몸짓과 관련하여 '가상 사진촬영' 활동을 실행하여 보았다. 여러분도 수업 시간의 학습자가 되었다고 가정하고 아래 수업 상황을 따라가 보시기 바란다.

교수자는 학습자들에게 다음과 같이 제안하며 사진 찍는 시늉을 하였다.

> 교: 여러분, 지금 이곳이 강의실이 아니라 설악산이라고 가정합시다. 우리는 모두 MT 여행을 왔습니다. 제가 지금부터 여러분의 단체사진을 찍을 겁니다. 다 함께 포즈를 취해 보세요~! 자아, 하나, 두울, 셋~!

학생들은 나름대로 자세를 가다듬고 포즈를 취하였다. 교수자는 학생들에게 잠시 그 상태로 움직이지 말고 고개만 돌려 주변의 학생들은 어떤 포즈를 취하고 있는지 살펴보도록 하였다. 많은 학생들이 가상 카메라를 바라보며 브이(V) 자를 만들어 보이고 있었다.

교수자는 이어 스크린 화면을 통해 많은 젊은이들이 검지와 중지, 혹은 엄지와 검지로 V자를 만들어 보이고 있는 대학생 단체사진을 여러 장 보여주었다. 여러분도 머릿속에서 잠시 여러분의 단체 MT 사진을 한 번 떠올려 보시라. 어떤 모습이 그려지는가? 여러분은 어떤 자세를 취하고 있으며 여러분의 단짝 친구는 어떤 자세를 취하고 있는가?

모두 함께 화면 이미지를 본 다음 다시 가상사진촬영 상황으로 돌아가, 교수자는 단체 사진을 찍는 상황을 연출하였을 때 V자를 만들어 보인 학생들에게 손을 들어보도록 하였다. 강의실 안의 꽤 많은 학생들이 손을 들었고, 교수자는 우선 이 점을 전체 학습자들에게 환기시켰다. 그리고 손을 든 학생 몇 명에게 V자를 그려 보인 이유를 물었다. "그냥 있기 뭐해서 …", " 어렸을 적부터 하던 제스처니까 …", "남들도 다 그렇게 해서 …"와 같은 답변이 나왔다.

이어 V자를 만들지 않았던 학생들에게도 왜 V자 제스처를 안 했는지 물었다. "그냥 …", "그렇게 하는 게 좀 유치한 것 같아서."와 같은 답변이 나왔다. 교수자는 후자의 학생들에게 추가로 질문을 던졌다. 본인은 그렇게 안 했어도 카메라 앞에서 V자를 만들어 보인 다른 학생들이 이해는 되는지, 안 되는지, 또 그런 모습이 친숙한지, 이상한지를 물었다. 질문 받은 학생들은 이구동성으로 본인은 그렇게 안 했어도 V자를 만들어 보인 학우들이 이해는 되며, 그런 모습이 친숙하다고 답하였다.

여러분은 어떤가? 짐작컨대 여러분도 카메라 앞에 섰을 때 통상적으로 '하나, 둘, 셋!' 하는 목소리에 맞춰 V자를 만들어 보이거나, 본인은 그렇게 안 해도 그렇게 하는 다른 이들의 모습이 친숙하게 느껴지거나, 둘 중 하나에 속하지 않는가?

한편, V자 제스처에 대한 프랑스인 G와 N의 시선은 위 활동에 참여했던 한국 학생들의 시선과 차이를 보였다. 프랑스인 G는 집에 식사하러 온 한국인 K에게 얼마 전 한국 여자와 혼인했다던 한 친척 조카의 결혼식 사진을 보여주었다. 그리고 컴퓨터에 저장해 놓은 여러 사진들 중에서도 한국인 신부가 고운 웨딩드레스 차림을 하고서 카메라를 향해 가슴 정도의 위치에 V자를 그려 보이고 있는 모습이 담긴 사진들을 일부러 클릭하여 K에게 보여주었다. G는 사진 속 신부의 제스처가 좀 이상하지 않느냐고 말을 꺼낸 다음, 신부가 하고 있는 몸짓의 의미가 무엇인지 K에게 물었다. 잘 생긴 프랑스인 남편을 얻게 된 승리감에 벅찬 감정을 표현하는 것인지 궁금해 하였다. 그 말에 K는 웃음을 터트리며 신부가 아마도 별다른 의미 없이 카메라 앞에서 '그냥 사진 찍는 자세'를 취했던 것 같다고 답해 주었다. 그랬더니 G는 대뜸 "우스꽝스럽네요(C'est ridicule!)"하고 잘라 말했다.

한국을 사업 차, 여행 차 여러 번 방문할 기회가 있었다는 또 다른 프랑스인 N은 다양한 상황에서 단체 사진을 찍는 한국인들을 볼 기회가 많았는데, 어른, 아이 할 것 없이 장소를 가리지 않고 카메라 앞에서 V자를 만들어 보이는 이들이 꼭 끼어 있었다면서, "짜증나요. 대체 당신들은 왜 항상 그런 제스처를 하나요(Ca m'énerve! Pourquoi vous faites ce signe tout le temps?)"하고 물었다.

프랑스인 중에도 손가락으로 V자를 만들어 보이는 이가 없지는 않다. 대표적으로 제2차 세계대전이 연합군의 승리로 끝나고 프랑스 군인들이 의기양양하게 파리에 입성할 때 TV 카메라 앞에서 하늘 높이 팔을 치켜 올리며 V자를 만들어 보이며 환호하는 장정들의 모습을 볼 수 있다. 그런데 그 V자는 '전후'라는 특수한 맥락에서 문자 그대로 '승리(Victoire)를 얻었다'는 특별한 의미를 담은 제스처였던 것이다.

G와 N처럼 어떤 몸짓을 취할 때 그와 연결되는 특정 의미나 맥락이 존재하는 것을 당연시 여기는 문화집단에 속한 사람들의 눈에는 사진 찍을 때 '그냥 V자를 하는' '나' 혹은 '우리'의 모습은 의아해 보일 수도 있는 것이다.

여기서 사진 찍을 때 V자 포즈를 취하는 것이 좋고 나쁘고를 따지자는 것이 아니라, 한 문화집단 내 구성원들이 일상에서 별 의미 없이 취하곤 하는 어떤 몸짓이 집단 내에서는 자연스러운 코드일지라도 외부인에게는 이해되지 않거나 심지어 '우스꽝스럽다', '짜증난다'와 같은 부정적인 감정반응까지도 불러일으킬 수 있다는 점에 대해 인식하자는 것이다.

☑ 자신에게는 친숙하고 자연스러운 것이 타문화권 타자에게는 이상하고 부자연스럽게 비칠 수 있다.

위 내용을 이질적 문화를 지닌 타자와 '우리'가 상호작용하는 상황에 적용시켜 보자. 먼저 '우리'에게 친숙하고 자명해 보이는 것들이 타자의 눈에는 놀랍거나 이상할 수도 있음을 염두에 두는 것이 필요하겠고, 또 그가 만일 '우리'의 문화적 요소에 대해 거부, 폄하, 비난, 조롱 등 부정적인 반응을 보일 경우, 그에 대해 감정적으로 맞서기 보다는 우리 문화에 대한 외부관찰자로서의 그의 반응을 우선 이해해 보려는 관용적인 마음자세를 지니도록 노력할 필요가 있겠다.

☑☑ 이질적 문화를 지닌 타자가 나의 모문화에 대해 부정적 반응을 보일 때 그의 외부인적 입장을 고려하여 보다 관대하고 유연한 자세로 대처하도록 한다.

➲ 퀴즈 Quiz:

프랑스어처럼 이국적인 언어

프랑스에서 한국인 학생 S의 박사학위논문발표(Soutenance de thèse)에 참석했던 한 프랑스인 친구 C가 발표내용이 좋았다고 칭찬해 주며 "특히 유머(humour)를 집어넣은 것이 효과적이었다."는 말을 덧붙였다. 학위논문발표라는 엄숙한 자리에서 발표문에 유머를 끼워 넣었을 리 만무한 한국인 S는 어리둥절해 하며 무슨 유머를 말하는가 물었다. C는 "프랑스어처럼 이국적인 언어(la langue exotique comme le français)'라고 말한 대목!"이라고 답하며 활짝 웃어 보였다.

프랑스인 친구 C는 어떻게 하여 S의 발표에서 S가 전혀 의도치 않았던 '유머'라는 요소를 발견한 것일까?

3. 동일 사물에 대한 인식의 차이

수업에서 교수자는 프랑스의 '건포도빵(pain aux raisins)', '초콜릿빵(pain au chocolat)', '크루아상(croissant)', '바게트(baguette)' 등이 접시에 듬뿍 담겨 있는 이미지를 화면으로 보여주면서 학생들에게 "이게 뭐예요?" 하고 물었다. 학생들은 주저 없이 "빵이요~" 하고 답하였다. 짐작컨대 여러분도 아마 그렇게 답했을 것이다. 이미 한국어 단어에도 '건포도빵', '초콜릿빵'에 '빵'이라는 말이 들어가 있지 않은가! 학생들의 답을 듣고 난 뒤 교수자는 한불사전에 따르면 한국어의 '빵'은 프랑스어의 'pain [뺑]'에 대응된다는 것을 알려주었다. 그리고 학생들에게 "프랑스 'pain [뺑]'은 맛있을까요, 맛없을까요?" 하고 넌지시 물었다. 학생들은 한 목소리로 "맛있어요~"하고 힘차게 외쳤다. 어떤가? 여러분도 그렇게 답하지 않았을까?

그런데 한 번 생각해 보자. 만약 사전적인 정의에 따른 '빵'을 프랑스인들은 정작 'pain'으로 인식하고 있지 않다면?

여기서 프랑스를 여행하고 돌아온 한국인 대학생 J와 Y가 회상하는 '프랑스의 빵' 이야기를 들어보자.

> "프랑스에 갔을 때 저를 재워 준 프랑스인 친구에게 아침 식사로 시리얼보다 빵을 먹고 싶다고 했어요('pain'이라고 프랑스어로 말함). 그랬더니 친구가 다음 날 여러 종류의 빵을 사다 주었는데 달콤하고 맛있는 빵은 하나도 없었어요!(J)"
>
> "프랑스 빵집에 가면 맛있는 빵들로 넘쳐날 줄 알았는데 아니어서 실망스러웠어요. 맛보았던 빵이 달지도 않고 좀 신맛까지 나더라구요!(Y)"

위의 이야기로 우리는 어떤 추정을 해 볼 수 있을까?

우선 위 질문에 대한 답을 여러분 스스로 잠시 생각해 본 후에 아래 [지식박스] 내용을 읽어 보시기 바란다.

지식박스

한국에서는 그냥 '빵'이라고 하면 주로 달달한 간식용 빵을 떠올린다. 반면 프랑스에서 그냥 '뺑(pain)'이라고 하면 주로 밀가루, 물, 이스트에 소금 간만 했거나 경우에 따라 곡물 정도만 추가한, 단 맛이 없이 심심한 맛을 지닌 빵을 가리킨다.

프랑스의 '(그냥) pain'은 거의 모든 음식을 동반하므로 그 기능면에서 보자면 한국의 '빵'보다는 오히려 '밥'의 기능에 근접하다고 할 수 있다.

'빵'과 '뺑(pain)'에 대한 두 나라 사람들의 인식의 차이로, 한국식의 '빵'을 떠올리면서 한국어 단어 '빵'을 프랑스어 단어로 단순 대체하여 'pain'을 먹고 싶다고 말하였던 한국인 대학생 J는 머릿속에서 상상하고 기대했던 '달콤한 빵'은 얻지 못하고 대신 단 맛이 없는 '식사 동반용 pain'만을 맛볼 수 있었던 것이다.

한국식의 '달달한 빵'은 프랑스인들에게는 '뺑(pain)'이 아니라 '비에누와즈리(viennoiserie)'로 인식된다. 즉, 한국인에게는 그냥 '빵'인 달달한 건포도빵, 초콜릿빵, 크루아상 등은 프랑스에서는 모두 '비에누와즈리(viennoiserie)'로 분류되는 것이다. 프랑스 '빵집'인 블랑쥬리(boulangerie)에 가보면 '뺑'과 '비에누와즈리'는 흔히 진열선반과 진열장이라는 두 개의 구분된 공간 안에 따로따로 배치되어 있는 모습을 볼 수 있다.

위의 예에서 보이듯이 동일한 사물이라 해도 문화집단에 따라 반드시 동일한 방식으로 인식되고 명명되지는 않는다.

☑ 문화에 따라 동일 사물에 대한 인식의 차이가 존재하기도 한다.

☑☑ 문화에 따라 동일 사물에 대한 상이한 인식방식이 존재하기도 함을 인정하려는 열린 마음자세를 지닌다.

어떤 사물이나 현상에 대한 모문화의 인식 방식과 타문화의 인식 방식이 반드시 일치하지는 않는다는 사실을 미처 깨닫지 못하면 앞서 예시한 대학생 J의 'pain'의 사례에서와 같이 타문화권 화자와 인식 차이로 인한 크고 작은 소통장애가 발생할 수도 있다.

따라서 문화적 이질성을 지닌 타자와 상호작용할 때 만일 소통장애가 감지되었다면 그것이 동일한 사물이나 현상에 대한 '나'의 문화와 '타자'의 문화 사이의 인식의 차이에 기인한 것은 아닌지 한 번쯤 자문해 볼 필요가 있는 것이다.

☑☑ 이질적 문화를 지닌 타자와 소통장애가 발생할 경우 그것이 모문화와 타자의 문화 사이에 존재하는 인식의 차이에 기인한 것은 아닌지 자문해 본다.

➲ 퀴즈 Quiz:

'차'와 '떼(thé)'

만수가 친구 뽈(Paul)에게 유자차를 타 주며 "이거 일종의 한국 레몬차인 유자차야(Voici du thé Yuja, une sorte de citron coréen). 한 번 맛봐(Goûtes-y)."라고 했다. 뽈은 유자차를 한 모금 맛본 후 "근데 이 안에 '차(thé)'가 있어? (Mais il y a du thé là-dedans?)"하고 물었다. 여러분은 뽈의 질문이 이해되시는가?

4. 이해하기 어려운 타문화 상황

지식박스

시몬 드 보부아르(Simone de Beauvoir)는 사르트르, 까뮈와 함께 대표적인 프랑스 실존주의 철학가이자 문인으로서 페미니즘 발달에도 큰 공헌을 하였다. 대표작으로는 철학 에세이 '제2의 성(Le deuxième sexe, 1949)', 소설 '타인의 피(Le Sang des autres, 1945)' 등이 있으며, '제2의 성'에서 "여자로 태어나는 것이 아니라 만들어지는 것이다(On ne naît pas femme : on le devient)"라는 유명한 문구를 남겼다.

남자와 다르게, '여자답게' 사고하고 행동하는 것은 사회가 만들어 낸 사회적 조건화의 산물이지 태어날 때부터 자연적으로 주어진 것이 아님을 의미한다.

가령 어떤 사회에서 여성에 대한 강한 사회적 압력으로 인해 대다수 여성들이 어떤 행동을 취하게끔 유도된다면 그것은 바로 시몬 드 보부아르가 말한 '여자로 만들어지는 것'의 전형적인 한 예일 것이다. 한국 사회의 경우 외적인 아름다움에 대한 강한 사회적 요구 및 욕구는 매우 발달된 화장과 성형 문화를 낳았다.

마침 한국 여성들의 화장과 성형 문화에 대해 자신의 견해를 피력하는 프랑스인 여성 M의 의견을 들어보자. 한국의 한 대학에서 프랑스어를 강의하는 M은 함께 식사를 하는 자리에서 한국 생활의 장단점을 묻는 한국인 동료에게 다음과 같이 답하였다.

> 한국에서 생활하는 게 참 편리해요. 한국인들도 참 친절하고, 한국 음식도 무척 좋아해서 너무 매운 음식 빼고는 음식 문제도 없고 … 딱히 불편한 점이나 못마땅한 점은 글쎄 … 잘 모르겠네요 … 아, 딱 하나 마음에 안 드는 게 있긴 있어요. 한국 여자들이 지나치게 외모에 신경을 쓰는 거요. 지하철에 앉아 나 몰라라 열심히 화장하는 사람을 여러 번 봤어요. 수업시간에도 거울이나 핸드폰에 자기 얼굴을 비춰 보면서 한 눈을 파는 여학생들이 많아요. 그런 학생들에게 저는 말해주곤 하지요. "정말 중요한 것은 이 안에(검지로 자신의 머리를 가리키면서) 든 것이지 외모가 아니다" 하고요. 아 참, 그리고 지하철에 여기저기 붙어있는 성형광고도 사실 좀 충격적이에요. 지금은 좀 익숙해졌지만 처음에는 무척 충격적이었어요. 자신은 이 세상에 단 하나뿐인 소중한 존재인데 어째서 자기 개성을 죽여가면서 얼굴을 뜯어 고치는 걸까요? 그 심리가 도저히 이해가 가지 않아요. 자연적인 아름다움이 가장 고귀한 것 아닌가요?

프랑스인 M은 '정말 중요한 것은 머릿속에 든 것이지 외모가 아니다'라든지 '자연적인 아름다움이 가장 고귀한 것'과 같은 신념에 찬 단언을 하거나, 성형하는 한국인의 심리가 이해가 가지 않는다는 말로써 타문화적 요소에 대하여 다소 단정적이고 경직된 견해를 표하고 있다. 우리는 이와 같은 M의 의견에 동의할 수도 있고 하지 않을 수도 있겠는데, 어쨌든 한국의 성형

문화가 M의 눈에 이해가 가지 않고 충격적인 것으로 비춰졌다면, 외모의 아름다움에 대한 자신의 견해를 매우 확신에 찬 어조로 표현하는 M의 모습 또한 여러분에게는 다소 생소하게 느껴졌을 수 있다.

일반적으로 타문화의 요소 가운데에는 집단 외부인의 입장에서 보았을 때 이해하기 어려운 요소가 반드시 끼어있게 마련이다. 그런데 타문화를 바라볼 때 그것을 자문화의 프리즘이 아닌 그 문화의 고유한 맥락 안에서 바라보기란 모든 이에게 있어 무척 어려운 일이다. 뿐만 아니라 외부인의 시선으로 자기 자신의 문화를 바라보는 것 역시 모두에게 매우 어렵다.

바로 위와 같은 요인들 때문에 상호문화적 소통은 근본적인 몇몇 어려움을 내포하는 것이다.

☑ 타문화를 자문화의 프리즘이 아닌 그 문화 고유 맥락에서 바라보기란 무척 어렵다.

☑ 자문화를 외부의 시선에서 바라보기란 무척 어렵다.

5. 성공적인 상호문화소통을 위한 탈중심화

M의 경우처럼 문화적 이질성을 지닌 타자가 '나'의 모문화적 요소에 대하여 '그렇게 하는 것이 이해되지 않는다, 이상하다, 충격적이다, 심지어 나쁘다' 등 부정적인 반응을 보였다면, 타자가 그렇게 인식하는 저편에는 무엇이 있는지 타자와 적극적으로 소통하며 함께 풀어나가는 자세가 필요하다.

여러분이 만일 M과 마주앉아 대화를 나누는 상황이라면, 한국 사회를 그녀보다는 조금은 더 잘 알고 있는 여러분은 외부인인 M이 한국의 성형문화를 한국 맥락에서 바라보며 조금이나마 이해해 볼 수 있기 위해서 어떤 설명을 해 줄 수 있을까?

마찬가지로, M은 프랑스 사회 분위기를 잘 모르는 여러분이 한국 사회를 보는 일반적 프랑스인의 입장을 조금이나마 이해해 볼 수 있도록 어떤 설명을 해 줄 수 있을까?

다음과 같은 가상대화내용을 한 번 생각해 보자.

한국사회의 치열한 경쟁 분위기를 프랑스인 M보다는 조금은 더 잘 알고 있는 여러분은 예를 들어 한국사회에서는 오늘날 외모는 단순한 '장점'을 넘어 '능력'이나 '경쟁력'으로 간주되며, 심지어 '취업성형'이라는 신조어가 생겨났을 정도라는, M이 잘 모르는 한국사회의 현실을 생생히 들려줄 수 있을 것이다. 그리고 그런 여러분의 설명으로 M은 어쩌면 자신이 처음에 지녔던 단정적인 판단을 재고해 보면서 보다 유연한 의견을 지니게 될지도 모른다. 즉, 자연적인 아름다움과 개성을 죽여 가면서까지 굳이 성형하려는 한국인의 심리가 '도저히 이해가 가지 않는' 최초의 입장에서부터 한국 사회의 극심한 경쟁 분위기 속에서 성형을 결심하기도 하는 일부 한국인의 심리가－비록 자신은 하지 않더라도－'이해는 되는' 입장으로 이행해 갔을 수도 있을 것이다. 그렇게 되었을 때, 프랑스인 M은 본연의 아름다움을 무척이나 중시여기는 자민족중심주의적 시각에서 벗어나 프랑스 사회에 비해서 '인위적으로 만들어진 아름다움'에 대한 인식이 훨씬 덜 부정적이며 심지어 사회적으로 장려되기까지 하는 한국 사회의 성형문화를 비로소 한국 맥락에 되돌려 놓고 바라볼 수 있게 되는 것이다.

여러분의 설명 덕분에 한국적 문화요소를 조금이나마 내부인의 시각에서 바라볼 수 있게 된 M은 프랑스적인 시각에서 본 '아름다움/미(beauté)'의 개념에 대한 여러분의 이해를 돕기 위하여 가령 프랑스 사회에서는 모방된 것(imitation)과 본래의 것(original)을 철저히 구분하고, 본래의 것에 최상의 가치를 부여하며, 각각의 개인이란 자신만의 개성을 지닌 유일무이한 존재라 간주되므로 한국 사회와 비교했을 때 특별히 '아름답다'고 여겨지는 어떤 특정 '모델인물'의 외모를 닮고 따라야 한다는 사회적 분위기가 형성되어 있지 않다는 점 등을 여러분에게 알려 줄 수 있을 것이다.

그리고 그런 M의 설명으로 여러분은 비로소 '프랑스적 시각'에서 보았을 때 어째서 한국 사회의 성형문화가 그토록 충격적으로 인식되는 것인지 그 이유에 대해 조금이나마 납득할 수 있을 것이다.

이처럼 상호 간 설명의 노력 덕분에 프랑스인 M은 '매우 활성화된 성형문화'라는 한국 문화적 요소를 비로소 한국적 맥락에서 가늠해 볼 수 있게 되며, 여러분 또한 프랑스인이라는 외부적 시각에서 한국의 성형문화를 다시 바라보며 그에 대해 '프랑스인'이 느낄 수도 있는 낯섦과 충격의 의미를 조금이나마 이해할 수 있게 되는 것이다. 즉, 상호 간 소통과 이해의 노력을 통해 여러분이나 M이나 타문화 요소 및 상황에 대한 '몰이해'에서 '이해'로 이행해 갈 수 있었으며 이로써 양쪽 다 사고와 인식의 폭을 넓힐 수 있게 되는 것이다.

☑ 성공적인 상호문화소통을 위해서는 쌍방의 적극적 소통의 노력이 필요하다.

위의 예에서처럼 자문화 상황이든 타문화 상황이든 세상을 바라볼 때 모문화 중심적 시각에서 벗어나서 바라보는 것을 '탈중심화(décentration)'라고 한다. 탈중심화의 상태란 바로 자민족중심주의를 극복한 상태인 것이다.

만일 여러분이 M의 설명을 듣고 나서 '외모의 아름다움'이나 '원본'에 대한 프랑스적 시각을 이해하고 잠시나마 외부인적 시선에서 한국의 성형문화를 새롭게 바라보는 눈을 지닐 수 있었다면 여러분은 어느 정도 '탈중심화' 하는 데 성공한 것이다.

'탈중심화'를 하려는 태도는 상호작용을 하는 개개인의 시야를 넓히고 양쪽 모두에게 이익이 되는 바람직한 태도로서 성공적인 상호문화적 소통에 있어 필수적인 요소라 할 수 있다.

☑☑ 자문화를 외부의 시선에서 바라보고자 노력한다.

☑☑ 자문화에 대해 탈중심화(décentration)하려는 태도를 갖는다.

여기서 한 가지 유의할 점은, 상호문화소통 끝에 반드시 각자의 입장이나 행동을 타자와 유사해지도록 변화시킬 필요는 없다는 점이다. 성형문화에 비우호적이던 프랑스인이 갑자기 성형을 결심하게 된다거나 이것저것 따져 본 후 오랜 고심 끝에 어렵게 성형을 결정했던 한국인이 갑자기 그 계획을 포기한다거나 하는 식의 급격한 행동의 변화를 유도하는 것이 상호문화적 소통의 목적은 아니다. 중요한 점은 '나'는 '나'의 자리를, 또 '타자'는 '타자'의 자리를 계속해서 지키되 상대방의 입장을 자문화의 프리즘을 통해서가 아닌 상대방의 문화맥락 속에서 이해해 보고자 애씀으로써 타문화를 바라보는 시각에 있어 진정한 포용력과 관용이 생겨날 수 있는 여지를 만드는 것이다.

☑ 타자와 유사해지도록 급격한 입장이나 행동의 변화를 유도하는 것이 상호문화적 소통의 목적은 아니다.

한편, 여러분과 M은 성공적인 상호문화적 소통을 통하여 각자 자문화의 기준에 대해 되돌아보고 자성해 보며, 문화란 결국 자명한 것(évidence)이 아닌 따져볼 수 있는 것, 질문을 던져 볼 수 있는 대상(objet questionnable)이라는 사실까지 깨닫게 될 수도 있다.

☑ 문화란 자명한 것(évidence)이 아니며 질문을 던져 볼 수 있는 대상(objet questionnable)이다.

끝으로, 한국의 성형문화에 대한 M의 의견과 유사한 의견은 아래 소개하는 또 다른 프랑스인 N의 언급에서도 잘 드러난다. 프랑스 텔레비전에서 '한국의 성형문화'에 대한 다큐멘터리를 시청한 적이 있다는 회사인 남성 N은 아래와 같이 놀라움을 금치 못하며 말했다.

> 방송에서 보여 준 미스코리아 얼굴이 거의 다 똑같았어요 … 한국에는 이기면 성형수술을 해주는 텔레비전 프로그램도 있었다면서요? 그게 사실인가요? (사실이라는 말에 눈을 크게 뜨며) 와, 정말 충격적이군요!

➲ 퀴즈 Quiz:

프랑스에서는 보기 힘든 광고

한국의 미디어나 지하철 등에서 흔히 볼 수 있는 광고 중에서 프랑스에서는 보기 힘든 광고로는 어떤 것이 있을까?

➲ 퀴즈 Quiz:

프랑스에서 자연스러운 것과 한국에서 자연스러운 것

아래 언급된 내용 중 프랑스에서는 자연스럽지만 한국에서는 부자연스럽거나 이상할 수 있는 것과, 반대로 한국에서는 자연스럽지만 프랑스에서는 부자연스럽거나 이상할 수 있는 것은 무엇일까? 그 밖에도 여러분이 알고 있는 다른 내용이 있으면 목록에 추가해 보시기 바란다.

> 약 먹을 때 여러 개의 알약을 입안에 모두 털어 넣고 한 번에 삼키는 것, 길가다 지나가는 모르는 사람에게 담배 한 개피 달라고 하는 것, 고속도로 휴게실에서 GPS나 가방을 차에 놓아 둔 채 휴게실에 들르는 것, 토론 시 상대방 말을 쉴 새 없이 끊으면서 자기주장을 펼치는 것, 멀티플렉스 영화관에서 네 관 이상 같은 영화를 상영하는 것, 어린이들과 청소년들이 책가방을 메고 밤늦게까지 돌아다니는 것, 약 먹을 때 여러 개의 알약을 한 알씩 천천히 먹는 것, 식사를 마치고 나서 식당이나 초대받은 집 문 앞에 서서 길게 더 이야기 나누다 헤어지는 것, 식사 후 자연스럽게 각자 자기 음식 값만 계산하는 것, 과거 연인 사이였던 사람과 그냥 친구 관계로 남아 계속 만나는 것

➲ 퀴즈 Quiz:

치즈와 김치

프랑스에 살고 있는 한 프랑스인-한국인 국제결혼 부부가 있다. 한국인 아내 H는 냄새가 강한 프랑스 치즈를 무척 싫어하고, 프랑스인 남편 J는 냄새가 강한 한국 김치를 무척 싫어한다. 그런데 H는 김치를, J는 치즈를 안 먹고

지낼 수는 없다. 이 부부가 상대방의 기호와 자신의 기호를 동시에 존중하는 방법은 과연 무엇일까?

✎ 퀴즈 답변요소

세 종류의 빵 이야기

아마 황인종일 가능성이 가장 높을 것이다. 왜냐하면 허옇게 덜 익었거나 까맣게 타버린 빵에 비하면 노릇노릇하게 '제대로 잘 구워진 빵'으로 묘사된 '황인'은 가장 긍정적 이미지를 지니며, 또한 그렇게 되어야 하는 어떤 '표준'으로서 나타나기 때문이다. 이야기 속의 백인이나 흑인은 덜 구워졌거나 너무 구워진, 표준과는 다른 그 무엇이다.

광고와 스타

자문화와 전혀 거리를 두지 않은 '당연히 그래야지'의 태도가 엿보이기 때문이다. K는 스타들이 온갖 종류의 광고에 등장하는 것이 관례인 한국 사회의 프리즘으로 프랑스 사회 현상을 바라보면서 자신의 단정적인 견해를 표하고 있다. 프랑스는 한국과는 다른 사회분위기 및 광고 문화가 있을 수도 있다는 가능성은 전혀 염두에 두지 않은 채 말이다.

참고로, 프랑스에서는 세탁용 세제, 옷, 침대 등과 같은 생필품 광고에 스타를 쓰는 일은 극히 드물거나 없다.

크레용 색깔명

예전에 '우리(한국인)'의 피부색을 가리키는 일명 '살색' 크레용이 있었다. 여성 스타킹에도 '살색' 스타킹이 있었던 것과 마찬가지다. 만일 백인이나 흑인이 이 색깔명을 접했다면 어떻게 생각했을까?

오늘날 이 표현은 보다 객관적 색깔명인 '살구색'으로 수정되었다.

프랑스어처럼 이국적인 언어

프랑스인 C에게 있어 세상의 언어 중 '기준'이 되는 언어란 자신의 모어인 프랑스어뿐이다. 이런 C의 머릿속에는 '이국적 언어(langue exotique)'란 자신의 모어인 프랑스어와 상당히 다른 아시아어, 아프리카어, 아랍어 등을 가리킨다.

이런 무의식적 도식을 지닌 C가 '프랑스어를 이국적인 언어'라고 표현한 S의 말을 들었을 때 자신의 머릿속 도식과는 너무도 거리가 먼 그 말을 단순히 '유머'라고 해석한 것이다! 한국어를 모어로 하는 한국인 S의 입장에서는 한국어가 기준 언어이며 그와 상당히 다른 프랑스어는 '이국적인 언어'로 인식될 수도 있다는 사실을 C는 미처 고려해 보지 못한 것이다. 이때 C는 자기 문화 및 언어를 외부에서 바라보는 능력, 즉 모문화와의 거리두기(distanciation)나 모문화로부터의 탈중심화(décentration)가 부족했다고 할 수 있겠다.

'차'와 '떼(thé)'

프랑스어에서 'thé'라고 하면 무엇보다도 '재료'를 의미하여 '테인(théine)'이 함유된 녹차, 홍차 등 '차 잎'이 들어가 있는 음료를 가리킨다. 이와는 달리, 한국어에서는 '차'라는 말이 차 잎이 들어간 음료뿐 아니라 보리차, 대추차, 꿀차 등 각종 '뜨거운 음료'를 보다 광범위하게 가리킨다. 만수와 뽈이 각각 머릿속에서 '차' 또는 'thé'라고 인식하고 있는 음료는 이처럼 완전히 동일치 않은 것이다. 따뜻한 음료인 유자차를 의당 '차'로 인식하면서 뽈에게 내준 만수는 '차 잎'이 들어간 것이 'thé'라고 인식하는 뽈의 질문에 의아해 할 수밖에 없다.

여러분은 알고 계시는가? 한국과 프랑스에서 '자스민차(thé au jasmin)'를 주문하면 상당히 다른 '차'가 나온다는 사실을!

참고로, 프랑스어에서는 '차 잎' 없이 박하(menthe), 베르벤느(verveine) 등 다른 식물의 잎을 우려내 만든 따뜻한 음료는 '띠잔(tisane)' 혹은 앵퓨지옹(infusion)'이라는 이름으로 부른다. 가령 '로즈마리(프랑스어로는 '로마랭(romarin)')'

을 우려낸 음료는 한국에서는 '차/티'라고 부르지만 프랑스에서는 '띠잔'이라고 부른다(tisane au romarin).

프랑스에서는 보기 힘든 광고

프랑스에서는 물론 성형수술광고를 볼 수 없다.

참고로, 프랑스 신문과 잡지 등에서 병원 광고나 아파트 광고를 볼 확률도 매우 낮다.

프랑스에서 자연스러운 것과 한국에서 자연스러운 것

프랑스에서는 자연스럽지만 한국에서는 부자연스럽거나 이상할 수 있는 것은 길가다 지나가는 모르는 사람에게 담배 한 개피 달라고 하는 것, 토론 시 상대방 말을 쉴 새 없이 끊으면서 자기주장을 펼치는 것, 약 먹을 때 여러 개의 알약을 한 알씩 천천히 먹는 것, 식사를 마치고 나서 식당이나 초대받은 집 문 앞에 서서 길게 더 이야기 나누다 헤어지는 것, 식사 후 자연스럽게 각자 자기 음식 값만 계산하는 것, 과거 연인 사이였던 사람과 그냥 친구 관계로 남아 계속 만나는 것 등이다.

반대로 한국에서는 자연스럽지만 프랑스에서는 부자연스럽거나 이상할 수 있는 것은 약 먹을 때 여러 개의 알약을 입안에 모두 털어 넣고 한 번에 삼키는 것, 고속도로 휴게실에서 GPS나 가방을 차에 놓아 둔 채 휴게실에 들르는 것, 멀티플렉스 영화관에서 네 관 이상 같은 영화를 상영하는 것, 어린이들과 청소년들이 책가방을 메고 밤늦게까지 돌아다니는 것 등이다.

물론, 프랑스나 한국이라는 주어진 공간에서 어떤 특정 시기에 자연스럽게 혹은 부자연스럽게 여겨지던 것이 시간이 지나도 여전히 동일한 방식으로 인식되리라는 보장은 없다.

치즈와 김치

음식 기호는 태어날 때부터 자연적으로 주어진 것이라기보다는 사회문화적으로 형성된 것인 경우가 많다. 만일 한국인 H가 아이 때 프랑스로 건너가 프랑스식 식문화 속에서 자랐더라면 오히려 치즈를 좋아하고 김치를 멀리했을지도 모른다. 프랑스인 J의 경우도 마찬가지다.

프랑스 치즈에 거부감을 느끼는 한국인 아내가 반드시 치즈를 먹어야 할 까닭도 없고, 한국 김치에 거부감을 느끼는 프랑스인 남편이 반드시 김치를 먹어야 할 까닭도 없다.

단지 한국인 아내는 어릴 적 식습관으로 인해 치즈를 좋아하는 남편이 그것을 충분히 좋아할 수도 있음을 인정하고, 마찬가지로 프랑스인 남편도 김치를 좋아하는 한국인 아내가 그것을 충분히 좋아할 수도 있음을 인정하는 것이 중요하다. 즉, 타문화 음식을 반드시 그 나라 사람들처럼 좋아해야 한다거나 그것을 반드시 먹어야 할 필요는 없지만, 타자가 그것을 좋아할 수도 있음을 충분히 인정해 주는 것이 중요하다.

앞서 언급한 H와 J 부부는 김치와 치즈만을 위한 초미니 냉장고를 하나 장만하여 지하실에 두었다고 하였다. 그리고 각자 좋아하는 음식을 계속 먹으면서도 상대방이 자신의 음식 냄새로 거북해 하지 않도록 최대한 배려하였다고 한다.

CHAPITRE 5

가치체계의 대립

Confrontation des valeurs

CHAPITRE 5

가치체계의 대립

Confrontation des valeurs

본 단원의 목표는 인종, 민족, 종교, 출신문화적 요인은 다문화된 사회에서 흔히 갈등의 원인으로 지적되곤 하지만 실제로는 기타 요인에 의한 집단 간 대립과 갈등도 빈번함을 이해하여 보는 것이다.

☑ 단원 세부 교육목표

〈가1〉 동일한 행동이 문화에 따라 다른 가치를 지닐 수 있음을 안다.

〈가2〉 인종, 민족, 종교, 출신문화적 이질성은 집단 간 가치체계의 대립을 야기할 수도 있음을 안다.

〈가3〉 팽팽히 맞서는 집단 간 가치체계의 대립은 때로는 법적 개입으로 해결할 필요가 있음을 안다.

〈가4〉 한 사회에서 발생한 가치체계의 대립과 갈등은 실제로는 여러 요인에 기인할 수 있음을 이해한다.

위의 〈가1〉-〈가4〉를 상호문화적 소통상황에서 적극 활용한다.

1. 동일 행동, 다른 가치

여러분은 혹시 동일한 행동이 문화권에 따라 전혀 다른 가치로 인식되거나 해석되는 경험을 해 본 적이 있는가?

예를 하나 들어 보자. 가령 대형마트나 음식점 같은 곳에서 신용카드로 계산할 때 점원이나 종업원이 손님 대신 서명하는 일은 한국에서는 종종 있는 일이다. 그 행동은 심지어 상인의 '서비스'로 통하기도 한다. 그런데 만일 프랑스인 손님이 그런 행동을 목격했다면? 프랑스인 손님에게도 그런 행동이 서비스라는 가치로 인식될까?

지식박스

프랑스에서는 카드 결제 시 단순히 전자서명을 하는 것이 아니고 비밀번호 네 자리 숫자를 단말기에 입력해야 하므로 상인이 무언가를 손님 대신 해 주는 것은 현실적으로 불가능하다. 만일 프랑스인이 프랑스 비자카드를 한국에서 사용하고자 한다면 프랑스에서처럼 카드 앞면의 전자칩이 아닌, 뒷면의 검정 띠를 긁어 카드 정보를 읽게 되며, 이때는 비밀번호를 입력하는 대신 전자서명을 하게 된다.

한국 문화에 익숙지 않은 프랑스인이 한국에서 비자카드로 계산할 할 때, 그는 카드의 서명은 의당 본인만 할 수 있다고 굳게 믿고 있을 터이므로 종업원이 '대신 서명해 주는 행위'가 만일 발생한다면 상당히 당황할 것이고 거기서 '서비스'라는 가치를 발견하기란 무척 어려울 것이다.

☑ 동일한 행동이 문화에 따라 다른 가치를 지닐 수도 있다.

➲ 퀴즈 Quiz:

프랑스식 논문, 한국식 논문

대학교수인 한국인 L과 역시 대학교수인 프랑스인 R은 단정적 어조로 각각 다음과 같이 말했다.

프랑스인이 쓴 인문계 학술논문을 읽은 한국인 L:
"이런 식으로 쓰면 한국에서는 수필이라고 생각해요. 논문이라 여기지 않고.”

> 한국인이 쓴 인문계 학술논문을 읽은 프랑스인 R:
> “이런 식은 좀 지나치게 학교적(un peu trop scolaire)이지 않나요?”

위의 L과 R의 의견을 통해서 우리는 무엇을 알 수 있을까?

지식박스

Q 영화에서 끌로드와 마리 베르뇌유(Verneuil) 부부는 어린 손자의 할례(circoncision)의식에 참석하기 위해 파리로 올라온다. 유태인계 프랑스인인 ‘다비드’와 결혼한 둘째 딸의 아파트 거실에서 진행되는 종교의식을 지켜보면서 두 부부가 이질적 문화에 대해 불편해하는 장면이 나온다.

할례는 사위 ‘다비드’에게는 매우 ‘중요한 종교의식(rite important)’이라는 가치를 지닌다. 그러나 장인 끌로드 베르뇌유의 눈에는 별 다른 가치가 없는 단지 하나의 ‘야만적 행위(barbarie)’로만 비춰질 뿐이다.

한 문화집단의 구성원들이 함께 공유하는 가치 및 그 가치를 따르는 행동은 집단 구성원들의 눈에는 중대한 의미를 지니며 내부결속을 강화하는 역할을 하지만 외부인에게는 무의미하거나 심지어 그릇된 가치로 보이기도 한다.

2. 가치체계의 대립과 갈등

2.1. 종교적 표시물과 학교

만일 한 사회 속에 다양한 문화집단이 공존하며, 각 집단이 타집단의 가치를 전면적으로 부정하면서 자집단의 가치만을 옳은 것이라 내세울 때 상이

한 문화집단 구성원들 사이에는 심각한 가치체계의 대립과 충돌이 발생할 수 있다.

영화 'Les héritiers(이하 H 영화)'의 다음 장면은 상이한 두 가치가 팽팽히 대립하는 한 예를 보여준다.

지식박스

H 영화는 한 고등학교 복도에서 어머니를 동반하고 학교를 찾아온 한 여학생과 교사가 실랑이를 벌이는 장면으로 시작한다. 여학생과 그녀의 어머니는 히잡(hijab)을 쓰고서 딸이 갓 졸업한 고등학교에 졸업장을 찾으러 왔다. 그런데 교사는 공적장소인 학교에서는 눈에 띄는 모든 종교적 표시물의 착용이 허용되지 않는다며 졸업장을 내주기 전에 우선 히잡을 벗어 학교규율을 준수해 줄 것을 요구한다. 여학생과 어머니는 히잡은 무슬림들에게는 대단히 중요한 상징이며, 더구나 이미 졸업도 한 상태이니 학교 안이라도 자유롭게 착용할 권리가 있다고 응수하다가 끝까지 히잡 벗기를 거부하고 결국은 화를 내며 자리를 뜬다.

영화 H에서 대립하는 두 가치는 '종교생활의 자유'라는 가치와 '종교중립성(laïcité)'이라는 가치로서 양 진영의 당사자들에게는 매우 중요한 가치이다. 무슬림 여학생과 그녀의 어머니에게 있어 히잡 착용은 출신문화 정체성과 직결되는 중요한 가치이며, 프랑스 공화국의 가치를 학생들에게 전달해야 할 사명을 지닌 공립학교 교사에게 있어 종교중립성의 원칙 역시 협상할 수 없는(non négociable) 가치인 것이다.

그러면 영화 H에서처럼 양편 모두 자신의 주장을 조금도 굽히려 하지 않아 두 가치가 서로 팽팽히 맞설 경우 과연 어떤 해결책이 가능할까?

가치체계의 대립이 심하여 개인 간 혹은 집단 간의 자율적 해결이 어려운 경우, 사회전체에 적용되는 어떤 상위규칙이 대립하는 가치들을 중재해 주어야 한다. 프랑스에서는 공화국의 법이 바로 그런 기능을 담당한다.

지식박스

2004년 3월 의회를 통과한 '눈에 띄는 모든 종교적 표시물 착용 금지법(La loi sur le port de signes religieux ostensibles)'은 프랑스 공화국의 종교중립성의 원칙에 따라 프랑스 내 모든 공립 초등학교와 중·고등학교에서 학생들이 특정 종교에의 소속여부를 눈에 띄게 드러내는 모든 표시물이나 의복 착용을 금한다는 내용으로 되어 있다. 그것이 이슬람의 히잡(hijab)이든 유태인의 키파(kippa)든 기독교인의 십자가(croix)든 모든 종교를 불문하고 말이다.

실제로 프랑스 사회에서는 1989년에 소위 '히잡 사건(Affaire du voile)'이라는 것이 발생하였다. 무슬림 여중생 세 명이 교실 안에서 히잡을 벗으려 하지 않았다는 이유로 퇴학을 당한 사건이다. 이를 언론이 대대적으로 보도하자 공적장소에서의 종교적 표시물 착용에 대한 국가차원의 논쟁이 벌어지게 되었고 그 같은 논쟁은 1990년대를 지나 2000년대에 이르기까지 끊임없이 이어졌다.

지식박스

프랑스 교육부가 2013년 9월에 제안한 '학교에서의 종교중립성 헌장(Charte de la Laïcité à l'école)'은 프랑스 공립학교 내에서의 종교와 관련된 준수사항을 총 15개 조항으로 정리해 싣고 있다. 그 중 몇몇을 소개하면 다음과 같다.

제1조: 프랑스는 불가분의(indivisible) 종교중립적인(laïque) 사회민주주의 공화국(République démocratique et sociale)이다. 프랑스 공화국은 전 영토에 걸쳐 모든 국민의 법 앞에서의 평등을 보장한다.

제2조: 종교중립적 공화국은 국가와 종교를 분리하며 영적, 종교적 신념에 대해 중립적이다. 프랑스는 국교를 갖지 않는다.

제3조: 종교중립성(laïcité)의 원칙은 모든 이에게 사유의 자유(liberté de conscience)를 보장하며, 타인의 신념을 존중하고 공공질서를 준수하는 한도

내에서 본인의 신념에 대한 자유로운 표현을 허용한다.

제14조: […] 학생들은 자신의 종교를 눈에 띄게 드러내는 복장이나 표시물을 착용할 수 없다(Le port de signes ou tenues par lesquels les élèves manifestent ostensiblement une appartenance religieuse est interdit). (이외 11개 조항)

오늘날 프랑스의 모든 공립 초·중등학교 학교장은 이 헌장을 교내 눈에 잘 띄는 장소에 붙여 놓아야 할 의무가 있으며, 학부모 역시 헌장의 내용을 숙지한 뒤 그에 서명하도록 하여 '학교 내 종교중립성원칙 보장'이라는 프랑스 공화국의 입장을 한층 강화시켰다.

이처럼 공립학교에서 모든 종교적 표시물의 착용이 국가 차원의 법이나 학칙 등으로 금지된 이상, '종교생활의 자유'라는 명목으로 학교에서 히잡 착용을 계속 고집하는 것은 허용될 수 없다는 결론이 나온다. 다시 말해 공화주의 가치와 특정 종교적 가치가 한 치의 양보도 없이 팽팽히 맞설 때는 모두에게 적용되는 국가의 법이 허용하거나 안 하는 한도 내에서 적절한 행동의 기준을 찾아야 한다는 것이다.

☑ 민주주의 사회에서 문화집단 간 가치체계의 대립이 자율적으로 해결될 수 없는 경우 법의 개입이 필요할 수도 있다.

2.2. 음식금기와 학교

이번에는 프랑스 학교에서 역시 빈번히 논쟁의 대상이 되곤 하는 또 다른 가치체계의 대립사례인 음식금기의 예를 들어보도록 하자.

일부 학생들의 출신문화(culture d'origine)적 전통을 존중해 준다는 의미에서 많은 프랑스 학교에서는 교내 급식에 돼지고기 요리가 나오는 날이면 무슬림 가정 자녀들에게는 따로 '대안식단'을 제공하곤 한다. 일부 학교에서는 무슬림 가정 자녀들을 위하여 심지어 따로 할랄(halal) 고기로 조리한 음식을 제공하기도 한다.

일부 학생들에 대한 이와 같은 '특별대우'에 대해서는 긍정적인 시각과 비판적인 시각이 엇갈려 왔다. 흥미로운 점은 대안식단을 지지하는 '무슬림' 진영 M(편의상 사상적으로 급진적인 무슬림 집단을 M이라 칭함)이나 이를 비판하는 '공화주의' 진영 R(편의상 강경한 '공화주의자' 집단을 R이라 칭함)이나 모두 똑같이 '평등'의 가치를 내세우며 서로 팽팽히 맞선다는 점이다. 각 진영이 주장하는 바는 아래와 같다.

R: 학생들에게 모두 똑같은 음식을 제공하는 것은 프랑스 공화국이 헌법으로 보장하는 '평등' 원칙에 입각한 것이다. 한 학교의 학생들을 '무슬림 가정 자녀' 집단과 '일반 가정 자녀' 집단으로 구분하게 만드는 대안식단은 없어져야 한다.

M: 이슬람 문화권 가정의 자녀가 돼지고기를 못 먹는다는 것을 뻔히 알면서도 돼지고기 식단만을 내보내는 것은 '모든 학생이 교내식당에서 식사할 권리'를 앗아가므로 '평등' 이념에 어긋난다. '평등'의 가치를 실현하는 대안식단은 유지되어야 한다.

위의 두 가치체계의 대립은 과연 어떻게 해결해야 할까?

이 경우 또한 프랑스의 법이 허용하거나 안 하는 범위 내에서 해결책을 찾을 수 있을 것이다. 프랑스는 공적 영역과 사적 영역을 철저히 구분하며, 공적 영역에서는 민족이나 종교 단위로 별도의 차이를 표출하거나 특별한 권리를 주장하는 행위를 허용하지 않는 법적 전통을 지니고 있다. 이런 관점에서 보았을 때, 돼지고기를 먹으면 나쁜 무슬림이 되므로 먹을 수 없다는 것은 프랑스 사회에서는 철저히 사적 영역에 속하는 종교적 신념이다. 따라서 공적 영역인 프랑스 공립학교에서 '돼지고기는 못 먹는다'는 이슬람 종교율법에 따른 '문화적 특수성'을 고려해 주어야 할 법적 근거나 의무는 전혀 없는 것이다.

단, 원칙은 그렇다 해도, 인도적인 차원에서 학교장의 권한으로 일부 학교에서 대안식단을 제공하기도 하는 것은 '유연한 종교중립성(laïcité souple)'을 실행한 예이다.

☑☑ 타자나 타집단의 가치에 대해 좀 더 유연한 자세를 지니고자 노력한다.

➲ 퀴즈 Quiz:

종교 금기와 병원

여러분에게는 아래 기술된 '공화주의' 진영 R과 '무슬림' 진영 M의 주장 중 어느 쪽이 더 설득력 있어 보이는가? 두 진영의 논리 중 잘못된 가정이나 전제가 들어 있는 부분이 혹시 발견되는가?

R: 성별이나 종교를 불문하고 모든 환자가 병원에서 진료를 받을 수 있는 것은 '인간 기본권'의 하나이자 '남녀평등'의 원칙에 의한 것이다. 남녀 의사 가림 없이 모두 동등한 의사로 취급하는 것 역시 '남녀평등'의 원칙을 준수하는 것이다.

M: 무슬림 여성들이 남자 의사에게 자기 몸을 보일 수 없다는 사실을 잘 알면서도 남녀 가리지 않고 남자의사에게도 진찰을 받으라고 강요하는 것은 모든 국민이 동등하게 의료혜택을 받을 수 있는 권리를 앗아가므로 '인권'이나 '평등' 이념에 어긋난다.

➲ 퀴즈 Quiz:

성역 존중과 표현의 자유

이번에는 프랑스 사회에서 빈번히 충돌하곤 하는 또 다른 가치체계의 대립 사례를 살펴보기로 하자. '성역 존중(respect du sacré)'과 '표현의 자유(liberté d'expression)'라는 가치 사이의 대립이다. M 진영과 R 진영은 각자 자집단의 논리를 옹호하면서 다시 한 번 아래와 같이 서로 대립하고 있다.

M: 개인은 언제 어디서나 종교생활의 자유를 영위할 수 있다. 또한 '표현의 자유'가 아무리 중요해도 침범 불가한 '성역(sacré)'이 존재한다. 예를 들어, 이슬람의 창시자 마호메트를 풍자 대상으로 삼는 것과 같은 행위는 매우 심각한 신성모독(blasphème)으로서 결코 용납될 수 없다.

R: '사유와 표현의 자유(liberté de conscience et d'expression)'는 프랑스 공화국이 보장하는 국민 기본권 중 하나다. 프랑스 사회에서 종교와 관련된 성역이란 없으며 따라서 그 어떤 종교적 주제라도 자유롭게 표현할 수 있다. 성인을 형상화한 풍자화도 예외는 아니다. 개인은 사적 영역에서는 자신이 원하는 종교생활을 자유롭게 영위할 수 있으나, 공적 영역에서는 무엇보다도 공화국의 가치를 우선적으로 준수해야 한다.

두 집단 간 가치체계의 대립에도 불구하고 이들이 계속해서 한 국가사회의 구성원으로서 함께 살아갈 수 있기 위해서는 무엇이 필요할까?

2.3. 가치체계의 대립과 공간분리

지식박스

H 영화에서는 한 중학교 교사가 수업시간에 종교에 관한 주제를 다루면서 학생들에게 철저히 기독교적 시각에서 그려진 그림 하나를 보여준다. 그림에는 이슬람의 예언자 마호메트가 지옥에 떨어진 '악의 화신'으로 묘사되어 캔버스 아래쪽에 험상궂게 그려져 있다. 그 이미지에 충격을 받은 몇 명의 무슬림 학생은 항의의 표시로 교사의 허락도 받지 않고 교실 밖으로 나가 버린다.

영화 속 이야기가 아닌 실제 사례도 존재한다. 일명 '1분 묵념 거부 사건'이다. 2015년 1월 프랑스의 주간 풍자신문 '샤를리 엡도(Charlie Hebdo)'의 파리

본사 테러사건이 발생한다. 사건 발생 직후 각 학교 교사들은 테러의 희생자들을 추모하기 위한 '1분 묵념(1 minute de silence) 시간을 학생들에게 제안하였다. 이때 1분 묵념을 거부하며 교사의 허락 없이 임의로 교실 밖으로 나가버린 일부 학생들의 사례가 연일 언론에 보도된 바 있다. 교사가 제안한 활동을 거부하고 교실 밖으로 나가버린 학생들과 교실 안에 남아 묵념 시간을 지킨 학생들 사이에는 짧은 순간이나마 '공간분리' 현상이 발생한 것이다.

위에서 예시한 바와 같은 물리적 공간분리 현상은 결코 가볍게 넘겨버릴 수 있는 현상이 아니다. 그것은 이질적 문화를 지닌 양 집단 구성원들 사이에서 생겨날 수도 있는 긍정적인 상호작용의 가능성을 물리적으로 원천봉쇄한다는 점에서 상호 간 이해와 소통의 도모에 있어 매우 심각한 장애요소로 작용할 수 있다.

바로 이와 같은 이유로 프랑스에서 '공동체주의(communautarisme)'라는 표현은 매우 부정적 이미지를 지닌다. 공동체주의가 심리적 또는 물리적 공간분리의 기초가 되어 사회분열의 소지를 제공할 수도 있다는 우려 때문이다.

☑ 가치체계의 대립은 공간분리로 이어질 수도 있다.

☑☑ 가치체계의 대립으로 인한 공간분리의 위협에 대해 인식한다.

2.4. 다문화주의, 동화주의, 상호문화주의

지식박스

여러 민족과 인종이 섞여 사는 다양성의 사회에서 국가 차원의 사회통합정책으로는 크게 동화주의정책과 다문화주의정책을 들 수 있다.

예를 들어 프랑스식의 사회통합정책은 동화주의정책(politique assimilationniste)으로 분류되고, 미국이나 호주, 영국과 같은 주로 앵글로-색손계 국가들의 사회통합정책은 다문화주의정책(politique multiculturaliste)으로 분류된다. 참고로 프랑스의 동화주의정책은 편입주의 또는 통합주의 정책이라 불리기도 하는데 주요 골자는 동일하다.

동화주의 정책에서 '동화'라 함은 '문화적 동화'를 가리키며, 보다 정확히는 영입된 이민자의 소수문화가 수용국의 주류문화에 동화됨을 의미한다. 즉, 이민자들은 시간이 흐름에 따라 점차적으로 그들의 출신국 문화를 버리고 수용국의 문화를 받아들인다고 가정한다. 도이체바(M. Doytcheva)에 따르면 프랑스의 이민자정책 혹은 사회통합정책은 익히 동화주의정책의 원형(archétype)이라 여겨진다고 한다.

한편, 동화주의정책과 다방면에서 차이를 보이는 다문화주의정책은 그 주된 특징으로서 민족이나 종교 단위로 별도의 공간 조성, 집단별로 특수한 권리 주장, 공적영역에서 차이 표출 등을 허용한다는 점을 들 수 있다. 그래서 이민자들이 각자의 출신문화를 유지하며 살아가는 데 있어 보다 우호적인 사회 분위기를 제공한다는 점을 들 수 있다.

그런데 그와 같은 사회에서는 서로 다른 출신문화집단 구성원들끼리 서로 소통함 없이 각자의 영역 안에만 머무는 경향을 보이므로 출신문화별로 한 사회가 뚜렷이 구획화되어 사회분열의 소지를 제공한다는 단점을 지닌다.

동화주의정책을 채택하는 프랑스와 같은 국가에서는 이민자들이 출신문화별로 집단화하는 현상을 극도로 꺼리고, 상이한 문화집단의 구성원들이 서로 소통하도록 적극 장려하며 사회의 공통된 상위가치를 공유할 것을 강조하는 까닭에 사회의 가시적인 구역화는 상대적으로 덜하다. 하지만 지나치게 강경한 동화주의정책을 적용하곤 하여 이민자나 그 자녀들에게 있어 반발심 및 심각한 정체성 문제를 야기시키기도 한다는 단점을 지닌다.

이 두 모델은 이처럼 각기 장단점이 있는 까닭에 최근 들어 동화주의모델은 다문화주의적 요소를, 그리고 다문화주의모델은 동화주의적 요소를 조금씩 차용하는 경향을 보인다.

그러면 '동화주의'나 '다문화주의'는 '상호문화주의'와 어떤 관계를 지닐까? '상호문화주의'는 동화주의모델에서 말하는 '동화주의'나 다문화주의모델에서 말하는 '다문화주의'의 중간쯤에 위치한 개념일까?

엄밀히 말해 그렇지는 않다. 교육영역에서 특히 유의미한 개념인 '상호문화주의'는 다문화주의정책을 펼치는 국가에서든 동화주의정책을 펼치는 국가에서든 한 국가의 주된 정책을 보완하는 유연한 교육적 장치로서 주된 정책과 공존할 수 있다. 즉, '상호문화주의'는 엄밀한 의미에서 '다문화주의'나 '동화주의'와 동일한 차원에 위치한 개념은 아닌 것이다.

3. 갈등의 다양한 요인들

오늘날 프랑스 사회에서 '집단 간 대립'이라고 하면, 우리는 흔히 앞서 보았던 '히잡 사건'과 같이 '토박이 프랑스인들'과 '이민자와 그 자녀들'이라는 두 집단 사이에서 발생하는 인종, 종교, 출신문화적 요인에 의한 대립양상을 주로 떠올린다.

그런데 민족, 인종, 종교적 다양성이 존재하는 사회에서 발생하는 모든 마찰과 갈등이 반드시 이들 요인에만 기인하지는 않는다는 사실을 우리는 한 번쯤 환기해 볼 필요가 있다.

역사적으로 프랑스에서는 '토박이 프랑스인들' 간에도 심한 대립과 갈등이 빈번히 발생하곤 하였다. 가령 극심한 빈부 차나 사회적 불평등과 같은 요인은 인종, 민족, 종교적 요인 못지않게 격렬한 집단 간 대립을 불러일으킬 수 있는 요인들이다. 이를 보여주는 단적인 사례가 바로 18세기 말에 발발한 프랑스 대혁명이다.

지식박스

1789년 대혁명 발발 이전의 프랑스 사회는 구체제(Ancien Régime)라 불리는 봉건신분제 사회였다. 당시 세 개의 신분이 존재했는데 성직자로 이루어진 제1신분, 귀족으로 이루어진 제2신분, 그리고 평민으로 이루어진 제3신분이 그것이었다. 특권층을 이루는 제1신분과 제2신분은 국가 요직을 독차지하였을 뿐 아니라 광대한 토지를 소유하여 지대를 받았으며, 면세와 부역 면제의 특권을 누렸다. 반면, 전 인구의 대다수를 차지하는 제3신분에게는 권리는 거의 주어지지 않고 의무만 부과되었다. 예를 들어 그들은 도로부역 등 노동에 동원되었고 각종 세금을 납부하여 국가 재정의 대부분을 부담하였음에도 불구하고 참정권은 갖지 못했다. 이런 상황에 불만을 품은 제3신분은 재력과 능력을 고루 갖추고 계몽사상으로 무장한 시민계급을 중심으로 하여 구제도의 모순을 타파하고 새로운 사회를 건설하고자 대혁명을 일으켰다.

3.1. 동성결혼지지단체와 가톨릭단체

보다 최근에 발생한 또 다른 '프랑스인들 간의 대립사례'로서 동성결혼지지단체와 가톨릭단체 간의 대립사례를 들 수 있다.

동성결혼지지단체는 양성 간 결혼만을 법적으로 인정하는 것은 '전 국민의 법 앞에서의 평등' 원칙에 어긋난다고 주장하면서 양성커플과 동등하게 동성커플에게도 결혼을 합법화해 줄 것을 요구하는 시위를 대대적으로 벌였다.

이에 맞서 가톨릭단체 역시 자신들의 고유한 신념과 가정관을 근본적으로 뒤흔드는 동성결혼지지단체에 반대하는 시위를 벌였다.

프랑스 사회에서 동성결혼이라는 주제를 놓고 신념과 가치체계가 상이한 두 진영이 격렬하게 충돌한 것인데, 이때의 충돌은 '토박이 프랑스인'과 '이민자출신 프랑스인'이라는 이분법적인 논리에 의한 대립과는 성격이 다른 복합적 요인에 의한 것이었다. 그리고 이때 역시 그 어떤 양보나 협상도 불가능하였으므로 결국 법적으로 동성결혼을 인정함으로써 상황을 일단락 짓게 된다.

지식박스

동성결혼지지단체와 가톨릭단체 간의 대립과 시위는 최근 들어 프랑스 사회의 여론을 둘로 가른 대표적 사건 중 하나다. 동성결혼지지단체는 '모두를 위한 결혼(Mariage pour tous!)'을 외치며 동성 간 결혼 합법화를 사회당 정부에 강력히 요구하였다.

결국 사회당 정부는 기존에 동성 간의 법적 권리를 어느 한도까지 인정해 주던 PACS(시민연대계약) 차원을 넘어선 동성 간 결혼 합법화 법안을 2013년 5월에 통과시켰다.

☑ 다양성이 존재하는 사회에서 발생한 모든 갈등 상황이 반드시 인종, 민족, 종교, 출신문화적 요인에 기인하지는 않는다.

☑☑ 문화적 이질성을 지닌 타자와의 상호작용 상황에서 갈등의 원인을 단 몇 가지로 축소하지 않도록 의식적으로 노력한다.

3.2. 군중심리조종과 비판적 사고능력

한 사회 속의 인종, 민족, 종교, 출신문화적 다양성은 잠정적으로 갈등의 요인을 제공할 수도 있음은 부인할 수 없는 사실이다. 왜냐하면 인간이 지닌 자연성향은 '다름'에 대해 본래 그리 관대하지 않거니와, 보다 결정적으로는 어떤 사회문제가 발생하였을 때 문제의 원인을 단순히 인종적, 종교적 이질성 요인 탓으로만 돌리면서 군중심리를 조종하는 세력이 어느 사회에나 존재하는 까닭이다. 문제에 대한 근본적 원인이나 해결책을 찾으려 하는 대신에 말이다. 즉, '다름'을 빌미삼아 특정 집단을 무조건 배척하거나 적대시하게끔 만들려는 일부 정치집단의 선동과 군중심리조종으로 인종, 민족, 종교, 출신문화적 요인이 과도하게 부각되곤 하기 때문이다. 오늘날 프랑스가 안고 있는 경제문제 등 제반 사회문제를 모두 이민자들의 탓으로만 돌리며 자극적인 선전 문구를 내세워 날로 득세하고 있는 인종주의 극우정당 국민전선(Front

National)은 그 좋은 예이다.

그와 같은 상황에 처하게 될수록 개개인의 비판적 사고능력(esprit critique)이 더더욱 요구되는데, 비판적 사고능력을 지닌 사람은 군중심리조종이나 선동문구에 쉽사리 휘말려들지 않기 때문이다.

☑ 인종, 민족, 종교, 출신문화적 다양성은 한 사회에서 집단 간 대립의 빌미가 되기도 한다.

☑ 군중심리를 조종하려는 정치세력에 의해 인종, 민족, 종교, 출신문화 요인이 남용되는 경우는 흔하다.

지식박스

어느 사회나 경제위기와 같은 긴장 상황이 도래하였을 때 특별한 근거도 없이 그 상황의 원인이라 간주되어 즉시 도마 위에 오르는 집단이 반드시 있다. 프랑스 사회의 경우 주로 아랍인, 유태인, '롬(Roms)족' 등이 이에 해당된다. 이들은 프랑스 사회에서 지속적으로 심한 편견의 대상이 되곤 하는 집단들이다.

한편 프랑스어에는 반 아랍인적 감정을 드러내는 'islamophobie(이슬람공포증)'과 반 유태인적 감정을 의미하는 'antisémitisme(유태인 배척주의)'와 같은 단어가 따로 존재한다. 그리고 외국인 전반에 대한 혐오감을 나타내는 'xénophobie(외국인 혐오증)'이라는 단어도 있다.

3.3. 종교와 양성평등

지식박스

J 영화에서 교사 소냐 베르쥬락(Sonia Bergerac)은 교실 안에 남녀 두 그룹으로 갈라져서 따로따로 앉아 있는 학생들을 보고 남학생 한 명 여학생 한 명, 이런 식으로 섞어가며 앉으라고 지시한다. 그러자 한 아랍인 남학생이 놀라며 큰 소리로 "그런 짓을 어떻게 해요? 그건 안 되죠! 존중을 해 주셔야죠!", 그러자 곁에 있던 한 흑인 남학생도 거들면서 "우린 여자애 옆에 앉을 수 없어요! 존중, 존중의 문제라고요!"라며 강하게 반발한다.

J 영화에서 교사에게 항의했던 아랍인 남학생과 흑인 남학생은 무슬림이다. 무슬림들은 남성과 여성이 동석하지 않는다. 두 성에 대한 이러한 무슬림적 가치는 양성차별을 법으로 엄격히 금하는 프랑스 공화국의 가치와 대립을 일으킨다. 그리고 그러한 공화국의 가치와 개별 종교적 가치 사이에 끊임없는 대립 양상이 나타나는 대표적인 장소 중 하나가 바로 프랑스 공립학교이다.

지식박스

프랑스에서는 예를 들어 구인광고에 '남0명', '여0명'과 같이 성별을 명시하는 것을 법으로 금지하는 등 양성평등이 법으로 철저히 보장되어 있다. 그런데 여성이 이처럼 남성과 동등한 법적 권리를 쟁취하게 된 것은 하루아침에 이루어진 일이 아니다. 프랑스 사회에서 여권 신장에 이바지한 역사적 사건을 연대순으로 몇 가지만 짚어보면 다음과 같다.

1791년: 페미니스트 여성작가 올랭프 드 구즈(Olympe de Gouges)가 '여성과 시민의 권리 선언(Déclaration des droits de la femme et de la citoyenne)'을 통해 "여성은 자유롭게, 그리고 권리에 있어 남성과 동

등하게 태어났음(la femme naît libre et demeure égale en droits à l'homme)"을 선언하며 남녀의 법적, 정치적, 사회적 평등을 주장한다. 그녀는 2년 뒤에 기요틴 당한다.

1880년: 여성들에게도 대학 진학의 문이 열린다. 소르본느(Sorbonne) 대학이 여학생에게도 개방된다.

1881년: '쥘 페리(Jules Ferry)법'에 따라 초등교육이 의무적, 종교중립적, 그리고 무상교육이 된다. 교육권은 남아와 여아에게 차별 없이 부여된다.

1901년: 여성에게 부분적으로 투표권이 주어진다.

1937년: 남편의 허락 없이 여권 신청이 가능해진다.

1944년: 여성에게 투표권(droit de vote) 및 선출권(éligibilité)이 부여된다(참고로 터키는 1934년, 필리핀은 1935년).

1946년: 남녀평등의 원칙이 헌법에 명기된다.

1948년: U.N.(프랑스어로는 O.N.U.)의 '세계 인권 선언(Déclaration universelle des droits de l'homme)'에서 남녀 간의 완벽한 평등을 인정한다.

1965년: 여성은 남편의 동의 없이도 직장을 얻을 수 있게 된다. 또한 자신의 재산을 자유롭게 쓸 수 있게 된다.

1970년: 이공계 그랑제꼴 뽈리떼끄닉(Polytechnique)을 여학생에게도 개방한다.

1975년: 보건장관 시몬 베이(Simone Veil)가 제안한 '자의적 임신중절(interruption volontaire de grossesse)'을 합법화하는 '베이 법(Loi Veil)'이 통과된다.

1979년: 임신중절이 확정적으로 합법화된다.

'베이 법(Loi Veil)'으로 프랑스 여성은 자신의 몸을 본인의 의지에 따라 관리할 수 있게 되었다. 이는 프랑스적 맥락에서 여성들이 쟁취한 대표적인 성해방임과 동시에 남녀평등의 가치 구현에 한 걸음 더 다가가게 한 역사적 사건이었다.

한편, 당시 가톨릭교회(Eglise catholique)는 가톨릭 가치와 상반되는 이 법안에 반대하는 입장을 표명하였다. 이런 관점에서 본다면 '양성평등'이라는 가치는 오늘날 프랑스 사회에서 여성 억압 및 차별 문제를 둘러싸고 매번 도마에 오르는 이슬람교뿐만 아니라 역사적으로 가톨릭의 가치관과도 치열하게 대립하였던 가치인 것이다. 따지고 보면 조선시대의 유교사상 역시 양성평등의 가치와는 상반된다. 즉, 양성평등의 문제는 어느 특정 종교나 어느 특정 집단에만 한정된 문제가 아님을 알 수 있다.

✎ 퀴즈 답변요소

프랑스식 논문, 한국식 논문

두 교수 L과 R의 증언은 자신이 속한 문화권에 따라 학술논문을 쓰는 방식이나 논문의 질을 평가하는 방식에서조차도 다른 관점을 지닐 수 있음을 보여준다. 객관성을 중시하는 학문영역에서조차 문화별로 다른 해석 및 가치 판단이 가능한 것이다.

이 점을 고려하여, 만일 자신과 다른 학문적 신념이나 판단기준을 지닌 이질적 문화권의 타자를 만났을 때 타자의 입장을 무조건 부정하거나 폄하하는 대신 일단 그의 주장에 귀 기울여 보는 겸허한 자세가 필요하지 않을까?

종교 금기와 병원

이 경우 역시 양 진영의 말이 나름대로 일리 있어 보일 것이다. 그러나 공적 영역에서 종교중립성과 양성평등을 법으로 보장하는 프랑스 사회에서는 M과 같은 주장은 법적으로 인정받지 못한다. 사적 영역에서는 자신의 종교적 신념에 따라 생활하는 것이 가능하나, 함께 살아가는 공적 영역에서는 사회운영에 지장을 초래할 수도 있는 특정 집단의 문화적 특수성은 인정해 줄 수 없다는 것이 프랑스 공화국의 한결같은 입장이기 때문이다.

성역 존중과 표현의 자유

프랑스에 현존하는 종교 중 가톨릭의 경우 '정교분리원칙(laïcité)'을 명시한 '1905년의 법령(Loi de 1905)' 이후 세속영역으로부터 구분되어 나와 '교권(pouvoir spirituel)'과 '정권(pouvoir temporel)' 사이에 명백한 경계선을 긋게 된 상태로 지금까지 이어지고 있다.

반면, 이슬람교의 경우, 프랑스 국내든 국외든 오늘날까지도 교권의 경계가 어디까지인지 명확하지 않다. 그래서 이슬람의 교리는 신자들의 신앙생활뿐 아니라 일상생활 전반에 영향을 미치는 행동의 기본지침으로 작용하곤 한다. 이런 까닭에 사적 영역과 공적 영역을 철저히 구분하고 종교중립적 사회(société laïque)인 프랑스 사회에서 이슬람은 갈등의 원인이라 간주되어 쉽게 손가락질 당하는 경향이 있다.

프랑스 사회라는 한 공간에서 상반되는 M의 가치와 R의 가치가 서로 팽팽히 대립할 경우, 두 집단 구성원들이 계속해서 함께 살아가기 위해서는 법의 개입과 법의 준수, 그리고 교육을 통한 타문화의 이질성에 대한 유연한 태도 형성 등이 필요하다.

CHAPITRE 6

다양성과 사회

Diversité et societé

CHAPITRE 6

다양성과 사회

Diversité et societé

본 단원의 목표는 사회의 문화적 다양성은 부가적 관리 과제가 발생하기도 하지만 사회적 풍요로움을 창출하는 새로운 기회가 되기도 한다는 점을 이해하고, 문화적 이질성을 지닌 개인들이 결속력을 다지며 더불어 사는 데 도움을 주는 요인들에 대해 알아보는 것이다.

☑ 단원 세부 교육목표

〈다1〉 다양성은 부가적인 관리 과제가 발생할 수도 있음을 안다.

〈다2〉 사회적 다양성은 목적이 아닌 결과임을 안다.

〈다3〉 일단 형성된 다양성의 상황은 과거로 되돌리기 어려운 상황임을 이해한다.

〈다4〉 문화적 이질성을 지닌 타자는 나와 더불어 공동운명체를 형성함을 인식한다.

〈다5〉 개인의 문화적 이질성/복수성은 사회적 풍요로움의 원천이 될 수 있음을 안다.

〈다6〉 문화적 이질성을 지닌 개인들이 사회 속에서 서로 결속력을 다지며 더불어 사는 데 도움이 되는 요인들에 대해 안다.

위의 〈다1〉-〈다6〉을 상호문화적 소통상황에서 적극 활용한다.

1. 다양성 관리 과제

수업에서 교수자는 학습자들에게 아래와 같은 질문을 던졌다. 여러분도 한 번 답해 보시기 바란다.

> 곧 여러분의 생일이 돌아온다. 여러분은 불고기 같은 단품 고기요리를 조촐하게 차려 놓고 친구들을 초대할 생각이었다. 그런데 초대하려던 친구 중 고기를 안 먹는 친구가 한 명 있다는 사실이 문득 떠올랐다. 그 친구는 친환경주의자이고 동물애호가이며 엄격한 채식주의자다. 나머지 친구들은 모두 고기요리를 즐겨한다. 여러분은 이 상황에서 어떻게 행동하겠는가?

위의 상황에서 여러분은 아마 고기요리 대신 비육류 요리로 상을 차리거나, '불고기'는 그대로 유지하면서 다른 채식음식을 하나 더 곁들이거나, 아니면 채식주의자 친구는 아쉽지만 초대하지 않거나 등등 여러 행동을 취할 수 있을 것이다.

실제 수업시간에 학습자들은 이 질문에 대한 응답을 쪽지에 자유롭게 적어 보았는데, 식성이 유별난 채식주의자 친구를 초대에서 제외시키겠다는 학생은 다행히 한 명도 없었다.

한편, 모든 친구를 초대하겠다는 결정을 내린 이상 채식주의자 친구를 위한 배려가 필요하다. 학생들이 응답한 바와 같이 불고기를 두부 요리로 바꾸거나, 메인 요리는 그대로 두고 간단한 채식요리를 하나 더 준비하는 등의 선택을 할 수 있을 것이다. 이 경우에는 채식주의자 친구의 식습관을 존중해 주었다는 면에서는 매우 훌륭하나 초대자인 여러분의 입장에서 본다면 '육식을 즐기는 대다수의 친구들'과 '채식주의자 친구' 양편을 모두 만족시키기 위해 음식 준비에 있어 아무래도 좀 더 많은 신경을 써야 하므로 부가적인 관리(gestion) 과제가 발생한다.

☑ 다양성은 부가적인 관리 과제가 발생하기도 한다.

또 다른 예를 들어 보겠다. 딸을 셋 둔 어머니 K가 다음과 같이 말했다고 하자. 이 말을 들은 여러분은 어떤 반응을 보일 것 같은가?

> 글쎄 말이에요, 우리 집에 딸만 셋인데, 첫째는 미국 사람이랑 결혼했고, 둘째 아이는 인도 사람이랑 했고, 셋째는 프랑스 사람이랑 결혼했답니다.

수업시간에 학습자들은 다양한 반응을 보였다. 그 중에는 “가족들이 모두 모이면 너무 재밌겠네요!”, “여행가기 좋겠어요!”, “따님들이 예쁘신가 봐요”, “학업을 외국에서 하셨나 봐요”, 등의 긍정적 반응이 있었는가 하면, “모두 모일 때 복잡할 수 있겠어요”, “골치 아프시겠어요”, “친정엄마 입장에서 어떻게 음식 준비를 해야 할지 고민될 것 같아요”, 등과 같은 부정적 반응도 있었다.

아마 여러분도 K의 말에 나름대로 다소 긍정적이거나 다소 부정적인 상황을 머릿속에 떠올렸을 것이다. 위 질문에 대한 각자의 즉각적 답변이 어떠하였든, 서로 상이한 ‘출신문화(culture d’origine)’를 지닌 사위들이 언어, 신념, 가치체계, 식습관 등 다방면에서 문화적 차이를 보일 수 있을 것이라 짐작하는 일은 어렵지 않을 것이다. 가정 행사를 주관해야 하는 입장인 K에게 있어서는 더더욱 가정 내에 존재하는 문화적 다양성은 여러 형태의 복잡한 조율과 관리의 과제를 낳지 않을까? 예를 들어 가족 중 만일 특정 음식금기라도 지키는 구성원이 있을 경우 부가적인 조율과 관리의 과제에서 자유로울 수 없다.

비교적 잘 알려진 음식금기 가운데서 무슬림들에게 적용되는 돼지고기 금기의 예를 들 수 있다. 무슬림들은 돼지고기를 먹어서는 안 되며, 허용되는 고기라도 이슬람 율법에 따라 준비된 할랄(halal) 고기만을 먹어야 한다. 마찬가지로 유태인들 역시 유태인 율법에 따라 준비된 까쉐르(casher) 외의 고기는 금기시 된다.

지식박스

Q 영화에서 각기 다른 출신문화를 지닌 세 명의 사위를 둔 장모 '마리(Marie)'는 크리스마스이브 만찬 때 각별히 신경을 써서 총 세 마리의 칠면조를 요리해 상에 올린다. 아랍인계 첫째 사위 '라시드'를 위한 할랄(halal) 칠면조 고기, 유태인계 둘째 사위 '다비드'를 위한 까쉐르(casher) 칠면조 고기, 중국인계 셋째 사위 '샤오'를 위한 라께(laqué)용 칠면조 고기 요리이다. 사위들의 출신문화를 세심히 배려하려는 마음에서 그와 같이 한 것이다.

물론 Q 영화는 코미디 영화라 '세 마리의 칠면조 고기'와 같은 과장된 측면이 있지만 음식금기에 맞춰 다양한 음식을 준비한다는 설정이 전혀 근거 없는 것은 아니다. 실제로 특정한 음식금기를 엄격히 준수하는 구성원이 포함된 집단은 동질적인 식문화 집단에 비해 식단을 짤 때 조금은 더 신경을 쓸 수밖에 없다.

또한 Q 영화에서 보이듯이 장모 '마리'처럼 일정 공간의 '운영 책임'을 맡은 누군가가 해당 공간 안에 존재하는 문화적 다양성을 고르게 존중하겠다는 선택을 하였을 때 필연적으로 뒤따르는 것은 부가적인 조율과 관리의 과제이다.

☑ 일정 공간 안의 다양성 인정 결정은 조율과 관리라는 과제가 발생한다.

2. 억제하기 힘든 결과로서의 다양성

인종, 민족, 종교, 출신문화적으로 다양한 사회를 만들겠다는 의도 하에 처음부터 계획적으로 '다양성을 위한 다양성(la diversité pour la diversité)' 장려정책을 펼친 나라는 아마도 없거나 있더라도 무척 드물 것이다. 대개는 출산율 저하, 노동인구감소, 노동력 부족, 고급인력 영입의 필요성, 외세침략,

탈식민지화 등 다른 사회요건과 맞물린 정책을 추진해 가던 중 어느 순간부터 의도치 않게 다문화사회를 맞게 되는 것이다. 달리 말하자면, 한 사회의 다인종, 다민족, 다종교, 다문화화는 궁극적으로 추구하는 '목적'이 아니고 다른 정책의 영향으로 인해 부수적으로 생겨난 산물, 즉 '결과'라 할 수 있다.

프랑스의 예를 들어보자. 프랑스 전통사회는 사실 이미 여러 민족이 섞여 살고 있던 '다문화'된 사회였다. 다만 근대로 접어들면서 다양한 요인에 의하여 점점 더 가시적인(visible)' 다인종, 다민족, 다종교, 다문화 사회로 변모했다는 차이는 있다.

지식박스

프랑스 사회가 다민족, 다인종, 다문화화된 역사적 배경을 간략히 짚어보면 다음과 같다.

3~6세기경 프랑크족(les Francs), 뷔르공드족(les Burgondes)과 같은 게르만족이 오늘날 프랑스 영토로 침입하여 정착하였다.

9~10세기경에는 남쪽으로부터는 아랍인, 동쪽으로부터는 헝가리인, 북서쪽으로부터는 노르망드족(일명 바이킹족) 등의 침략을 받았다.

18세기 말 프랑스 대혁명 직후에는 인접국으로부터 혁명정신에 동조하는 수많은 이민자를 받아들였다. 이들은 당시 프랑스 사회였던 '백인 가톨릭신자들의 프랑스(La France blanche et catholique)'에 비교적 쉽게 통합되었다.

19세기 말부터는 이탈리아, 스페인, 포르투갈 등 남부유럽 사람들이 프랑스 내의 부족한 일손을 보충하기 위하여 대다수 영입되었으며, 20세기에 들어서는 남부유럽뿐 아니라 폴란드와 같은 동부유럽의 근로이민자들도 대거 영입되었다. 이때까지만 해도 프랑스는 아직 '가시적인 다문화사회'는 아니었다.

그런데 제2차 세계대전 이후 탈식민지화(décolonisation) 과정을 거치며 마그랩, 인도차이나, 아프리카인의 노동력이 대거 흘러들어옴으로써 프랑스는 본격적으로 '가시적 다문화사회'의 시대를 맞게 된다. 이 시기를 기점으로 하여 프랑스 사회의 '얼굴'이 바뀌게 된 것이다.

이처럼 프랑스 사회가 오늘날처럼 가시적인 다문화사회로 변모하게 된 역사적 과정을 되짚어보면 한 국가사회의 다양성이 그 자체로 미리 계획하고 의도한 '목적'이기보다는 부수적으로 생겨난 '결과'임을 이해할 수 있다.

또한 프랑스 사회의 사례는 비교적 단일인종, 단일문화적이던 전통사회로부터 가시적인 다인종, 다문화사회로 이행해 가는 다문화화는 억제하거나 과거로 되돌리기 어려운 현상임도 잘 보여준다. 엄연한 다인종, 다민족 국가인 오늘날의 프랑스를 과거 '백인 가톨릭신자들의 프랑스'로 되돌린다는 것은 상상하기 어렵다.

☑ 한 사회의 다문화화는 추구하는 목적이 아닌 주어진 결과다.

☑ 한 사회의 다문화화는 억제하거나 과거로 되돌리기 어려운 현상이다.

➲ 퀴즈 Quiz:

공존의 노력

아래 <A 사회>와 <B 사회>처럼 도식화될 수 있는 두 사회가 있다고 하자.

도식 4 비교적 동질적인 A 사회와 다양성의 B 사회

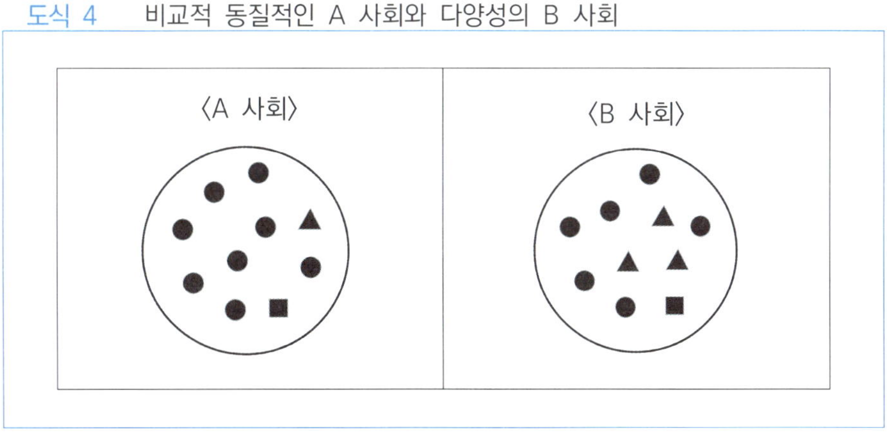

<A 사회>와 <B 사회> 중 어느 사회에서 '다양성 관리' 과제가 더욱 중요하게 대두될까? 그리고 <B 사회>의 경우, '공존'을 위한 노력과 학습은 '● 집단'과 '▲ 집단' 중 어느 집단에게 더 요구되고 더 필요할까?

3. 공동운명체 인식

오늘날 프랑스 사회에서는 '토박이 프랑스인'과 '이민자출신 프랑스인'이 프랑스라는 공동운명체를 형성하고 있다는 사실을 인식하고 받아들이는 것이 그 어느 때보다도 매우 중요한 관건이 되었다.

'이민자출신 프랑스인들' 중 이민자 1세대 때에는 여차하면 되돌아갈 수 있는 베트남, 모로코, 카메룬과 같은 '조국'이 따로 존재하였다. 수용국의 입장에서도 이민자 1세대는 설령 문제라도 일으키면 본국으로 귀환시켜 버리면 되는 임시체류자들이라 여겼기 때문에 계속해서 그들과 함께 살아가야 한다는 생각은 전혀 하지 않았다. 반면, 이민자 2세~3세들은 처음부터 프랑스에서 태어난 프랑스 국민들로서 그들에게 다시 돌아갈 '조국'이란 없다. 그들의 조국은 곧 프랑스이므로 수용국의 입장에서도, 설령 이들이 어떤 문제를 일으킨다 해도 그들의 '본국 송환'은 불가능하다.

지식박스

'행진'이라는 뜻의 'La Marche(이하 'M 영화')'에서는 이민자 2세대인 모하메드가 대중들 앞에서 다음과 같이 연설하는 장면이 나온다. "여러분은 두려움 속에서 사는 게, 부끄러움을 느끼며 사는 게 어떤 건지 아십니까? 우리 부모님 세대는 전 생애를 그런 식으로 살았습니다. 그런데 우리는 그 결실입니다. 우리는 프랑스인입니다. 좋든 싫든 우리는 프랑스인입니다(On est Français, que ça plaise ou non, on est Français.)"

‘이민자 출신 프랑스인’과 ‘토박이 프랑스인’은 이처럼 이제 좋든 싫든 프랑스라는 국가 공간 안에서 함께 살아가야 하는 운명을 맞게 된 것이다. 따라서 이제는 양 집단 모두 프랑스 사회의 얼굴이 바뀌었음을 진정으로 받아들이고 타자의 이질성을 껴안고 미래를 향해 함께 나아가는 방식을 끊임없이 모색해야 한다.

이질성을 껴안고 함께 살아가기 위해서는 무엇보다도 비주류집단을 바라보는 주류집단의 시선이 우선 바뀌어야 한다. 즉, ‘이민자출신 프랑스인들’이 자신들과 더불어 국가라는 공동운명체를 형성하며 살아간다는 사실을 우선 ‘토박이 프랑스인들’부터 진정으로 인정하고 받아들일 필요가 있다. 다른 한편, ‘이민자출신 프랑스인’ 역시 ‘토박이 프랑스인들’을 숙명적 동반자라고 인정한 토대 위에서 자신의 복합 정체성을 구축해 나가야 한다. 어떤 의미에서 본다면 양 집단 모두에게 ‘상황을 받아들이는 수밖에’라는 의미의 ‘페르 아베크(faire avec)’적 태도가 필요하다 하겠다.

지식박스

프랑스어에서 ‘(Il faut) faire avec’는 ‘주어진 상황을 바꾸는 것이 불가능하므로 이 상황에서 그냥 해 나가는 수밖에’라는 의미를 지닌, 다소 체념적 뉘앙스가 담긴 표현이다. ‘페르 아베크’의 자세는 그러나 현실을 부정하거나 왜곡하는 대신 그것을 직시하고, 주어진 상황을 인정한 상태에서 보다 긍정적이고 적극적인 최선책을 찾아 나설 수 있는 첫 단계가 되어 준다는 점에서 중요하다. 이 자세를 지니게 되었을 때 타자의 이질성이 불편하거나 마음에 들지 않더라도 그는 나와 함께 ‘우리’라는 공동운명체를 형성하면서 어차피 우리와 함께 살아가야 할 동반자이므로, 공동의 이익을 위하여 그를 조금 더 이해하고 조금 더 받아들이려는 노력을 기울이게 될 것이라는 가정을 해 볼 수 있는 것이다.

☑ 문화적 이질성을 지닌 타자는 나와 함께 '우리'라는 공동운명체를 형성한다.

☑ 나와 타자가 공동운명체를 형성하는 상황은 이미 주어진 상황이다.

☑☑ 나와 타자는 함께 '우리'라는 공동운명체를 형성한다는 사실을 직시하고 서로의 이질성을 최대한 수용하고자 노력한다.

4. 문화적 복수성과 새로운 풍요로움 창출

한 국가사회에서 이민자가정 자녀와 같이 '이질적 출신문화'를 지닌 개인은 그렇지 않은 개인에 비하여 좀 더 복합적인 정체성을 지녔을 가능성이 높다. 여기서는 한 개인의 문화적 이질성 혹은 복수성이 그가 속한 사회에 긍정적 다양성과 풍요로움을 안겨 줄 수 있다는 점에 대해 살펴본다. 프랑스는 이와 관련된 수많은 사례를 제공한다. 그 중 특히 프랑스 여배우 이자벨 아자니(Isabelle Adjani)의 사례는 개인의 문화적 복수성이 사회적으로 풍요로움을 창출한 대표적인 사례 중 하나다.

지식박스

이자벨 아자니(I. Adjani)는 프랑스 '세자르 시상식(Cérémonie de César)'에서 무려 다섯 차례나 여우주연상(Meilleure interprétation féminine)을 수상한 바 있는 대표적인 프랑스 국민 여배우다. (참고로, 또 다른 프랑스 국민 여배우 까뜨린 드뇌브(C. Deneuve)는 두 번의 세자르 수상에서 그쳤다.)

이자벨 아자니는 젊은 시절 '살인적 여름(L'Été meurtrier)', '서브웨이(Subway)' 등과 같은 영화에 출연하여 도발적인 미모와 젊음으로 센세이션을 일으켰고, '까미유 끌로델(Camille Claudel)', '아델 H(L'Histoire d'Adèle H)', '마르고 여왕(La Reine Margot)' 등과 같은 실존 인물의 생을 다룬 영화에도 출연하여 열연하였다. 마르고 여왕 역은 그녀에게 네 번째의 세자르상을 안겨 주었다.

이처럼 매우 프랑스적인 역할들을 훌륭히 소화해낸 '매우 프랑스적인' 아자니는 프랑스를 대표하는 여배우라는 아이콘에서 머물지 않는다. 그녀는 최근 들어 기존과는 상당히 다른 성격의 영화인 'La journée de la jupe(스커트 데이, J 영화)'에 출현하여 자신이 지닌 '이민자가정출신' 정체성을 대대적으로 공개하고 '인종차별반대'나 '학교에서의 히잡 착용 반대'와 같은 자신의 평소 신념을 처음으로 영화 속에서 명백하게 밝힌다.

프랑스를 대표하는 여배우 이자벨 아자니는 프랑스로 이민해 온 알제리인 아버지와 독일인 어머니 사이에서 태어난 '이민자가정출신 프랑스인'이다. J 영화 속 주인공 '소냐 베르쥬락(Sonia Bergerac)'처럼 아랍인 아버지를 가졌기에, '아랍인' 정체성은 '프랑스인' 정체성과 함께 실제 인물 아자니와 영화 속 인물 베르쥬락의 복수·복합정체성을 구성하는 핵심요소다.

지식박스

'La journée de la jupe(스커트 데이, 이하 'J 영화')'는 쟝-뽈 릴리엉펠드(Jean-Paul Lilienfeld) 감독의 2009년도 영화로 내용은 다음과 같다.

'소냐 베르쥬락(Sonia Bergerac)은 힘들기로 정평이 나 있는 한 교외 중학교의 프랑스어 교사다. 그 학교는 여교사나 여학생이 치마를 입고 나타나면 남학생들의 야유나 협박을 피해갈 수 없는 험악한 분위기가 지배하는 장소다. 학교 분위기 상 짧은 치마차림을 피하라는 교장의 지시가 있었지만, 소냐는 계속해서 치마 차림으로 학교에 나온다.

그러던 어느 날 남편과의 불화로 여느 때보다 한층 더 신경이 곤두서 있던 그녀는 대강당에서 수업을 진행하던 중 한 학생의 가방에서 떨어진 권총을 발견하고 압수하게 된다. 그런데 '무스(Mouss)'라는 덩치 큰 학생이 소냐에게 달려들어 총을 다시 빼앗으려 하고 소냐는 '무스'와 몸싸움을 하다가 의도치 않게 그의 다리에 부상을 입히게 된다.

평소에 교사의 말을 무시하고 제멋대로이던 학생들은 '무스'가 부상당해 피를 흘리는 장면을 목격하고서야 비로소 총을 손에 거머쥔 교사 소냐를 두려워한다. 소냐는 처음으로 고부고분해진 학생들에게 계속 총부리를 겨눈 채

몰리에르에 관한 수업을 진행한다. 그녀는 자신이 학생들을 붙잡아 놓고 인질극을 벌이게 된 상황이 연출되었음을 전혀 의식하지 못한다. 한편, 대강당 밖에서는 순식간에 학교장, 경찰, 정치인이 출두하고 매스컴은 '한 신경쇠약증 여교사의 인질극'사건에 대해 열띤 어조로 보도한다.

그러는 동안 대강당 안에서 소냐는 학교와 학교 밖에서 자기 중학교 여학생들이 얼마나 심한 정신적, 육체적 억압을 받고 있는지 재차 실감한다.

소냐 베르쥬락은 '대체 원하는 게 뭐냐?'고 물어오는 협상자의 질문에, 여학생들이 학교에 스커트를 입고 와도 '헤픈 여자(pute)' 소리를 듣지 않고 마음 편히 통학할 수 있는 날인 '스커트 데이'를 창설해 줄 것을 요구한다.

경찰은 소냐를 설득하기 위한 마지막 방편으로 그녀의 아버지를 전화로 바꿔준다. 소냐는 그 통화 직후 인질극을 끝내기로 결심한다. 하지만 소냐가 긴장을 풀고 방심한 바로 그 순간, '메메트(Mehmet)'라는 학생이 권총을 탈취하여 극도로 흥분한 상태에서 자신과 말다툼을 하던 상대 학생의 가슴을 쏘게 된다. 소냐는 메메트를 보호하기 위해 경찰에게 전화를 걸어 자신이 학생 하나를 쏘아 죽였노라고 거짓 증언한다. 또다시 울려 퍼진 총성으로 인해 대강당 밖에서는 사태가 걷잡을 수 없을 만큼 심각해졌다고 판단, 카메라맨으로 분장한 코만도를 보내 소냐를 사살한다.

영화의 마지막 장면은 소냐의 장례식장에서 여학생들 모두 무릎 바로 아래까지만 오는 짧은 스커트를 입고서 남학생들과 섞여 서서 고인을 애도하는 장면이다.

영화 중 특히 소냐가 아랍인 아버지와 아랍어로 대화 나누는 장면은 특히 의미가 있다. 소냐의 아버지는 소냐에게 어린 시절 불러주곤 했던 아랍어로 된 노래를 전화상으로 다시 불러 준다. 그리고 딸을 품에 안아본 지 오래 되었다며, 이 상황이 빨리 마무리되어서 전 가족이 다시 한 자리에 함께 모이게 될 것을 희망한다. 관객들은 영화 속에서 소냐의 아버지가 딸을 설득하려는 장면에 가서야 비로소 그녀가 아랍어를 구사할 줄 알며 그녀의 부모가 '토박이 프랑스인'이 아니라는 사실을 알게 된다. 그 사실은 소냐가 학생들에게 철저히 비밀에 부쳤던 부분이기도 하다. 한 학생이 매우 놀라서 "선생님, 왜 말씀하지 않으셨어요? 선생님도 …." 하며 말끝을 흐리자 소냐는 즉시 "프랑스어 교사, 나는 프랑스어 교사야!"하고 답한다.

소냐와 아버지와의 전화통화 장면은 주인공 베르쥬락의 정체성과 배우 아자니의 실제 정체성이 오버랩되면서 관객들에게 이중의 진한 감동을 전한다.

참고로, J 영화는 프랑스 사회에서 금기(tabou)시 되는 주제와 내용을 다루었던 까닭에 충분한 재정적 지원을 얻지 못하여 일반 영화관이 아닌 텔레비전 국영채널 아르테(Arte)의 '작은 화면(petit écran)'을 통해 먼저 방영되었고, 아르테 채널 역사상 시청률 신기록을 세운 것에 힘입어 며칠 뒤 비로소 일반 영화관의 '큰 화면(grand écran)'에서 상영될 수 있었다.

아자니 같이 이미 세계적인 명성을 굳힌 남부러울 것이 없는 배우가 어째서 J 영화처럼 열악한 조건의 영화에 출연했을까?

소냐 베르쥬락의 주요 정체성을 한 번 짚어보자. 그녀에게는 여자로서의 정체성이 있고, 아랍인 혈통으로서의 정체성이 있으며, 동시에 프랑스에 적극적으로 동화되고자 하는 이민자가정출신 프랑스인으로서의 정체성이 있고, 프랑스어 교사라는 복합 정체성이 있다. '프랑스어 교사'를 '프랑스 여배우'로 대체하면 아자니에게서도 동일한 복합정체성이 발견된다. 그리고 소냐 베르쥬락은 각 개인의 옷차림의 자유를 옹호하면서도 동시에 프랑스 공화국의 가치에 따라 교사나 학생이 학교에서 자신의 종교적 신념을 언행이나 옷차림으로 표현하는 것은 피해야 한다는 입장을 지지한다. 실제 삶에서의 아자니 역시 동일한 가치를 적극 옹호하고 지지한다.

결론적으로 소냐 베르쥬락의 역할은 아자니가 아니고서는 아마 소화해내기가 힘들었을 것이다. 왜냐하면 정체성이라는 측면에서 아자니는 소냐를 연기한 것이 아니고 그녀가 바로 소냐인 것이나 다름없기 때문이다. 그 역할은 아자니의 정체성과 관련된 '내면에서의 부름'에 부응하는 역할이다. 배우로서의 놀라운 재능은 차치하고라도, 다른 여배우들은 아자니와는 달리 '내면에서의 부름'이 없었을 것이므로 열악한 촬영 조건을 이겨내고 끝까지 영화를 완성해 내기가 대단히 어려웠을 것이다. 또 영화를 완성했다 하더라도

J 영화만큼이나 커다란 반향을 불러일으키는 영화를 만들어낼 수는 아마도 없었을 것이다.

어렵게 탄생한 J 영화는 관객들의 큰 호응을 얻었을 뿐만 아니라 영화전문가들의 인정도 받아 아자니는 2010년도에 소냐 베르쥬락의 역할로 세자르 시상식의 역사상 유래가 없는 그녀 생애 다섯 번째의 여우주연상 수상의 영예를 안게 된다.

아자니였기에 가능했던 J 영화와 같이 사회에 진정으로 문제의식을 제기하고 보기 드물게 완성도 높은 영화가 존재하는 것은 프랑스 영화계를 풍요롭게 하는 데 크게 기여하였고 전체 프랑스인이 볼 수 있는 영화 선택의 폭을 넓혔다. 달리 말하자면, 개인 아자니의 복수·복합 정체성이 프랑스 사회에 '긍정적인 다양성'을 창출해낸 결과를 낳은 것이다. 상상해 보시라. 드뇌브만 있고 아자니가 없는 프랑스 영화계란 얼마나 잃는 것이 많았을 것인지를!

아자니의 사례에서 볼 수 있듯이 한 개인의 문화적 이질성 혹은 복수·복합성은 사회차원에서 풍요로움을 낳는 새로운 원천일 수 있다. 그리고 이와 같은 사실에 대한 인식은 타자의 문화적 이질성을 긍정적인 시선으로 바라볼 수 있는 계기가 되어 준다.

아자니 외에도 프랑스 사회에서 풍요로움을 창출해낸 '이민자가정 출신' 자녀들로는 비노슈(J. Binoche), 삐아프(E. Piaf), 몽땅(Y. Montant), 모디아노(P. Modiano), 로맹가리(R. Gary), 르끌레지오(J. M. G. Le Clézio), 이오네스코(E. Ionesco), 아뽈리네르(G. Apollinaire), 지단(Z. Zidane), 앙리(T. Henry), 노아(Y. Noah) 등 수없이 많다.

지식박스

M 영화에서는 가수 트레네(C. Trenet)의 노래 'Douce France'를 배경음악으로 하여 카메룬계 프랑스인 테니스 선수인 야닉 노아(Y. Noah)가 세계적으로 권위를 자랑하는 롤랑 가로스(Roland-Garros) 결승전에서 승리하여 빛나

는 트로피를 높이 치켜들며 국위를 선양하는 장면이 나온다. 이 장면에서 관객들은 '이것 보시라. 이민자가정출신 프랑스인이 얼마나 프랑스에 기여하는 바가 큰지를!' 하는 메시지를 읽어낼 수 있다.

☑ 타자의 문화적 이질성 및 혼성은 사회적 풍요로움 창출의 원천일 수 있다.

☑☑ 나와 상호작용하는 타자의 문화적 이질성 및 혼성을 장애요인으로 보는 대신 새로운 풍요로움 창출의 기회로 본다.

지식박스

프랑스 사회는 역사적으로 '영적권력(pouvoir spirituel)'인 교권과 '세속권력(pouvoir temporel)'인 정권이라는 양대 권력에 의해 지배되던 사회였다. 그러한 이분법적 권력구조 안에서 인간은 오랫동안 단지 소속집단의 일개 구성원일 뿐이었다. 그런데 점차 '개인(individu)' 개념이 등장하면서 개인으로서의 인간은 점진적으로 두 영역으로부터 자율권을 획득하기 시작하였다. 이에 따라 전통적인 이분법적 권력구조는 점차 와해되고 '개인'이라는 새로운 단위를 중심으로 삶의 영역들이 재구성되기에 이른다.

또도로프(T. Todorov)에 따르면 프랑스 현대사회의 개인은 크게 사적, 공적, 법적영역 사이에서 자신의 행동을 관리하며 살아간다. 행동반경의 양극에는 각각 사적영역과 법적영역이 자리 잡고 있고 그 중간에는 공적영역이 있다. 사적영역은 개인의 자율성이 극대화되는 영역이다. 반대로 법적영역은 개인의 자율성이 강력히 통제되는 영역이다. 끝으로 공적영역의 경우, 개인의 자율성이 이론적으로는 십분 발휘될 수 있는 영역이나 실제로는 관습이나 규범, 전통 등 다양한 외적요인에 의해 통제받는 경우가 많다.

이 영역들 사이의 구분, 특히 사적영역과 공적영역의 구분이 모호하거나 두 영역의 가치가 서로 상반될 때, 한 개인 내부에서 깊은 갈등이 발생하기도 한다.

현대사회의 개인은 과거에 비해 훨씬 더 많은 실제적이거나 가상적인 다양한 문화집단에 소속된 채 살아가고 있다. 그런데 개인이 소속된 집단의 수가 늘어날수록 집단들 간의 가치가 충돌할 가능성도 높아진다. 심지어 한 집단에서 극도로 중요하게 여기는 가치가 다른 집단에서는 완전히 부정되는 경우도 있다. 따라서 현대사회에서 개인은 모든 상황에서 특정 가치를 일관되게 주장하거나 내세우는 것이 가능했던 지난날에 비하여 그렇게 하는 것이 현저히 어려워졌다. 이런 환경 속에서 개인은 자신이 지키고자 하는 가치를 내적으로는 계속 고수하되 그 적절한 표현방식은 상황에 따라 매순간 결정할 필요에 직면하게 되었다. 이처럼 현대사회의 개인은 문화집단과 영역에 맞는 행동방식을 그때그때 스스로 판단하여 자신 내부의 정체성 타협을 통해 적절한 균형점을 지속적으로 찾아나가야 한다.

☑ 현대사회를 살아가는 개인은 자신이 속한 다양한 문화집단이나 영역들 사이에서 끊임없이 타협하고 협상하며 스스로 균형점을 찾아 나가야 한다.

➲ 퀴즈 Quiz:

유연한 개인의 내적 조율과 관리

여학생 C는 프랑스로 이민해 온 무슬림 가정의 자녀다.

그녀는 프랑스 공립 중학교에 다니고 있다. C는 히잡 착용을 의무적이라고 가르치는 가정과 그것을 엄격히 금하는 학교 사이에서 갈등을 겪는다. C는 부모의 문화인 무슬림 문화를 부정하고 싶지도 않고 그녀가 태어나고 자란 프랑스 공화국의 가치에 반하고 싶지도 않다. 그 둘은 모두 자신의 정체성을 구성하는 중요한 요소들이기 때문이다. 자신이 소속된 중요한 두 집단 사이에서 히잡 착용과 관련하여 C가 어떻게 처신하는 것이 가장 현명할까?

5. 이질성을 뛰어넘은 결속력 강화 요인

문화적 다양성이 존재하는 사회에서 최대의 쟁점은 이질성을 지닌 타자와 더불어 조화롭게 살아가는 것이다. 그런데 이를 위해서는 과연 어떤 조건들이 필요할까?

Q 영화에서는 가족들 간의 마찰과 갈등에도 불구하고 서로가 서로의 이질성을 수용하고 조금씩 다가가려 노력하면서 결국 해피엔딩으로 끝난다. Q 영화에서 발견되는 이질성을 껴안고 함께 살아가기 위한 다섯 가지 요건을 예와 함께 살펴보기로 하자.[1)]

첫째로, 공통된 가치나 신념, 기호를 들 수 있다. 영화 속에서 장인 끌로드는 사위들을 향해 "나는 공화주의자(républicain)일세."하고 자랑스럽게 밝히는데, 그 말에 라쉬드, 다비드, 샤오는 그들 역시 프랑스 축구 국가대표팀이 출전하는 경기에서 국가 '라 마르세이에즈(la Marseillaise)가 울려 퍼질 때마다 전율이 인다고 답한다. 장인 끌로드가 믿을 수 없다는 표정을 지으며 조금 빈정대는 어투로 라 마르세이에즈를 제대로 알기는 하냐고 묻자 사위들은 앉아 있던 자리에서 일어나 우렁찬 목소리로 프랑스 국가를 가사 하나 안 틀리고 정확히 부른다. 장인은 감격하여 떨리는 음성으로 "난 자네들 때문에 전율이 이네."라고 털어놓으면서 이민자가정출신 사위들과 자신은 모두 다 같은 공화국의 아들임을 확인하게 된다. 한편, 미래의 사돈인 끌로드와 앙드레는 처음에는 서로를 못 견뎌하지만, 둘 다 열성적인 드 골 추종자, 즉 골리스트(gaulliste)이며, 자녀들이 같은 인종의 배우자와 혼인하는 편이 더 낫다고 믿으며, 푸짐하게 나오는 음식을 좋아하는 등 여러 공통점이 있다는 사실을 발견하고는 공감대를 형성하고 가까워지게 된다. 또한 역시 미래의 사돈인 마리와 마들렌은 둘 다 성당에 다니는 독실한 가톨릭신자(catholique pratiquant)이며 제일 좋아하는 성경 구절도 똑같다는 사실을 발견한다. 두 사람은 타문화를 편견 없이 바라보고자 노력하는 공통된 성향을 지니고 있으며 커피가

1) Q 영화의 줄거리는 제3장 참조.

아닌 차를 마시며, 줌바(Zumba) 음악에 맞춰 함께 신나게 춤춘다.

이처럼 인종이나 민족, 출신문화의 차이에도 불구하고 특정 가치나 신념, 기호 등을 공유하는 것은 이질성을 지닌 개인들 사이의 거리를 좁히고 이들을 결속시키는 데 도움을 준다.

둘째로, 문화적 이질성을 지닌 '타자의 존재를 당연한 것으로 인정'하는 마음가짐을 들 수 있다. Q 영화에서는 갈등의 순간에도 등장인물들이 출신문화적 이질성을 지닌 타자가 '가족'이라는 공동체의 공간으로부터 제외될 수도 있다는 가정은 조금도 하지 않는다. 가령 장인 끌로드 베르뇌유가 사위들과 함께 성당에 도착했을 때 한 지인이 '베네통 가족'이라 명명하며 야유의 시선을 보냈을 때조차도 사위들이 더 이상 식구가 아닐 수도 있다는 가정은 전혀 해 보지 않는다. 물론 이질성을 지닌 타자의 존재를 당연한 것으로 인정하는 것 자체만으로써 모든 마찰과 갈등이 해소되는 것은 아니다. 그렇기는 하나, 사위들을 '자신과 분리될 수도 있는 구성원'이라 여겼을 때와 '자신과 분리될 수 없는 구성원'이라 여겼을 때의 장인 끌로드의 마음가짐은 분명 다를 수밖에 없다. 사위들의 입장에서도 물론 마찬가지다.

셋째로, 이질적인 타자에게 적극적으로 다가가고자 하는 의지와 행동을 들 수 있다. 아랍인 '라시드'가 유태인 '다비드'의 접시에 담긴 까쉐르(casher) 칠면조 고기를 자진해서 맛본 후 다비드에게도 자기 접시에 담긴 할랄(halal) 칠면조 고기를 맛보겠느냐고 권했던 행동이나, 전혀 가톨릭 신자가 아닌 사위들이 성당까지 장인, 장모를 동반하여 크리스마스 미사에 참석하고 성가도 따라부르며 함께 어울리려고 노력한 것과 같은 행동이다. 이처럼 타자의 특수성을 존중해 주며 자신에게는 생소한 그의 문화에 한 걸음 다가가려는 의지와 노력이 실제 행동으로 표출되는 것 또한 결속의 강화요인이다.

넷째로, 구체적인 공동의 목표와 계획을 함께 세우는 것도 중요한 결속요인이다. 유태인인 둘째 사위 '다비드'는 프랑스에 살고 있는 유태인을 대상으로 '유기농 까쉐르(casher bio)' 고기사업을 벌일 계획이었으나 시장이 좁아 수익성이 없다는 이유로 거래은행에서 사업자금대출을 거절당한다. 그는 결국 은행원 셋째 사위 '샤오'에게 도움을 청하게 된다. '샤오'는 '다비드'를 도

와주기로 하면서 프랑스에는 유태인보다는 아랍인의 수가 더 많으니 '유기농 할랄(halal bio)' 고기를 판매하는 것이 수익성이 더 높을 것이라는 의견을 내고, 이 말을 들은 변호사 첫째 사위 '라시드'는 유태인과 중국인이 아랍인을 겨냥해 할랄 고기를 판매한다는 소문이 돌면 아랍인 상인들이 가만히 있지 않을 테니, 그럴 경우에는 자기 같은 유능한 아랍인 변호사가 필요할 것이라는 말로써 이들과 합심 단결할 의지를 보인다. 이로써 세 명의 사위는 그 어느 때보다도 서로를 가깝게 느끼고 진심으로 의기투합하게 된다. 이처럼 모두에게 골고루 이익이 돌아갈 수 있는 매우 구체적인 공동 계획을 수립하도 것 또한 문화적 이질성을 지닌 타자들 간의 거리를 좁히는 중요한 결속 요인의 하나인 것이다.

다섯 번째이자 마지막으로, 사회전반에 걸쳐 경제적으로 안정된 상황도 매우 중요하다. Q 영화에 등장하는 베르뇌유 가족은 모두 부유층으로서 재정적 고통과 갈등 위협에서 벗어나 있다. 경제적인 안정 상태는 이질적 문화집단간의 결속에 있어 매우 우호적인 배경조건이며, 그 반대 상황은 결속을 매우 위태롭게 만든다. 사회적으로 극심한 경제위기상황에서는 극우파들이 득세하기 쉬우며 그들은 국민 간 통합과 단결보다는 대립과 분열을 조장하게 마련이기 때문이다. 따라서 경제위기 상황은 전형적으로 국민들 간의 결속, 특히 이질적 타자와의 결속 가능성을 한층 더 어렵게 만드는 저해요소라는 점도 고려의 대상이 되어야 할 것이다.

다른 한편, 문화적 다양성이 존재하는 사회에서 국가경제가 어느 정도 안정되어 있어도, 예를 들어 전 국민이 공유하고 따를 수 있는 공통된 가치가 없다면, 동질감 결여로 인해 강력한 결속이 어려울 수도 있다. 또, 명확한 공유 가치가 존재한다 해도 모두에게 이득이 돌아가는 구체적인 목표나 계획이 없다면 여러 문화집단 간의 실질적인 결속이 이루어지지 않을 수도 있다.

즉, 위에서 열거한 다섯 요소들이 서로 맞물려 잘 돌아가는 것이 '다름을 껴안고 더불어 살아가기(vivre ensemble avec nos différences)'의 핵심요건들을 이룬다 할 수 있겠다.

☑ 가치, 신념, 기호 등의 공유, 공동운명체에 대한 인식과 인정, 이질적인 타자에게 다가가고자 하는 의지와 행동, 구체적인 공동의 목표와 계획 설정, 재정적, 경제적으로 안정된 상황은 이질적 문화를 지닌 개인들 간의 결속력을 강화시켜 이질성을 껴안고 함께 살아가는 데 도움을 줄 수 있는 요건들이다.

✎ 퀴즈 답변요소

공존의 노력

다양성 관리 과제가 보다 중요하게 대두되는 사회는 아마도 <B 사회>일 것이다. 대한민국의 경우를 예로 들어 보자. 대한민국 사회가 과거 <A 사회>의 모습을 하고 있었다면 오늘날에는 점차 <B 사회>의 모습으로 확실히 변모해 가고 있으며, 이에 따라 과거 '단일민족신화'에 기반을 둔 자연적이고 내적인 '민족적 동질성' 및 응집력이 점차 약화되어갈 것이기에 다양한 구성원들 간의 결속력을 이끌어내기 위하여 사회적 다양성 관리에 대한 보다 많은 노력을 기울어야 할 것이다. 한편 <B 사회>의 경우, 공존을 위한 노력과 학습은 주류집단인 '● 집단'과 소수자집단인 '▲ 집단' 모두에게 똑같이 요구된다. '진정한 더불어 살기'를 위해서는 이질성에 대한 상호 간 이해와 함께 타자의 이질성을 수용하고자 하는 쌍방의 노력이 동시에 필요한 것이다.

유연한 개인의 내적 조율과 관리

C는 언제 어디서나 한 가지 복장을 고집하기보다는, 학교 가는 길에는 히잡을 쓰고 학교에 도착해서는 히잡을 벗으며, 학교에서 나오면서 다시 히잡을 쓰고, 그 외의 공간에서도 상황에 따라 히잡 착용여부를 적절히 결정하는 유연성을 보이면 어떨까? 그렇게 행동하는 것은 자신의 특정 정체성 측면을 지워버리거나 부정하는 것이 아니다. 오히려 그것은 다른 구성원들과 더불어 살아가야 하는 사회의 여러 영역에서 상황에 따라 어떤 가치와 어떤 정

체성 측면을 우위에 두어야 할지를 스스로 판단할 줄 아는 자율적이며 유연한 개인의 모습이다.

앞으로의 우리 사회에서는 경직된 사고가 아닌 유연한 사고를 하며 스스로 결정내릴 줄 아는 자율적인 개인들의 존재가 점점 더 필요해질 것이다.

CHAPITRE 7

나오며

Conclusion

CHAPITRE 7

나오며

Conclusion

인간본성과 상호문화교육은 밀접한 관계를 지닌다. 각 개인은 문화적 이질성을 지닌 타자를 복수·복합적 정체성을 지닌 자율적 존재로 보기보다는 그가 속한 문화집단의 일원으로 단순화시켜 보며, 타자를 그의 고유한 문화맥락 속에서 이해하려 하기보다는 자문화의 프리즘을 통해 바라보며, 타자의 이질성을 수용하면서 함께 살아가고자 노력하는 대신 그를 기피하거나 그의 가치와 대립하기 쉽고, 타자의 문화적 이질성을 긍정적으로 보기보다는 부정적으로 보는 성향을 자연적으로 지니고 있다. 우리는 위의 사항들을 본문의 제2장~제6장에 걸쳐 각각 살펴보았다.

그런데 각 개인이 지닌 이러한 자연적인 인간본성에 따라 사고하고 행동하도록 방치한다면 문화적 이질성을 지닌 개인 간에 평화로운 공생이란 있을 수 없을 것이기에 이질적 타자와의 상호작용 상황에 대한, 또 그에 대비한 교육인 상호문화교육이 현대를 사는 우리 모두에게 필요한 교육이라고 하였다.

한편, 본서는 상호문화교육을 근본적으로 태도 교육이라 정의하였다.

태도 교육으로서의 상호문화교육을 통해 형성하고자 하는 바람직한 태도는 크게 세 가지로 정리해 볼 수 있겠는데, 첫째, 비판적으로 사고하려는 태도, 둘째, 유연하게 대처하려는 태도, 셋째, 긍정적 요소와 가능성을 발견하고자 하는 태도이다.

첫째로, '비판적으로 사고하려는 태도'는 상황의 복합성을 인식하고 그것을 보다 정확히 파악할 수 있도록 해 준다. 이와 관련하여 본문에서 다뤄본 내용을 단원별로 간략히 언급해 보자. 비판적으로 사고하려는 태도를 지니게 됨으로써, 우선 자신과 타자의 정체성을 보다 정확히 파악할 수 있게 되고(제2장), 고정관념과 편견의 틀에서 벗어나 타자를 사람 그 자체로서 바라볼 수 있게 되며(제3장), 자문화의 기준이 절대적 기준이 아님을 인식하고 자문화와 거리두기가 가능해지며(제4장), 갈등의 상황에서 단순히 어떤 한 요인을 성급히 지적하는 대신 다른 요인들까지도 종합적으로 따져볼 수 있게 되며(제5장), 문화적 다양성의 위험성과 가능성을 동시에 꿰뚫어 보는 통찰력도 기를 수 있게 된다(제6장).

달리 말하자면, 상호문화교육을 통하여 '비판적으로 사고하려는 태도'를 기름으로써 문제가 있는 곳에서는 있는 그대로의 문제를 보면서 진짜 문제의 원인을 잘 따져보고 가늠해 봄과 동시에, 장점을 끌어낼 수 있는 부분에서는 장점을 끌어내는 것이 가능해진다는 것이다. 요컨대, 사람, 현상, 상황, 문제 등의 복합성을 볼 수 있는 것은 바로 비판적으로 사고하는 태도로써 가능하다.

둘째로, 비판적 사고능력과 함께 이질적 타자와의 바람직한 상호작용을 위하여 우리에게 필요한 또 다른 태도는 바로 '유연하게 대처하려는 태도'이다.

특히 문화적 이질성을 지닌 타자와 갈등이 발생한 상황에서, 갈등의 요인을 비판적으로 따져봄과 동시에 그 상황 및 타자에 대하여 유연성과 관용이 생겨날 여지를 만들고자 하는 태도를 말한다. 본문에서 '유연한 태도' 혹은 '관용'과 관련하여 다루어본 내용을 다시 짚어보자. 우선, 처음에는 수용하기 어려운 이질성을 지닌 타자라도 그에 대해 조금이라도 더 알게 되면 관용이 생겨날 여지가 마련됨을 보았고(제3장), 기존 정보나 이미지를 새로운 정보에 비추어 재검토하거나 수정할 줄 아는 열린 마음자세가 중요함을 강조하였으며(제3장), '우리'에게 친숙하고 자명한 것이 타문화권 화자에게는 놀랍거나 이상할 수 있음을 염두에 두고 자문화에 대해 그가 보일 수 있는 부정적 반응 앞에서 보다 관대한 마음을 지닐 것을 지적해 보았고(제4장), 집단 간 격렬한 가치체계의 대립이 일말의 협상과 타협의 여지없이 타집단의 가치를 무조건 배격하는 자세에서 초래되었을 가능성에 대해 인식하고 타집단 가치에 대해 좀 더 유연한 자세를 지닐 필요성을 언급하였으며(제5장), 현대인의 복수소속성과 변화무쌍한 일상으로 인해 오늘날 개인은 시시각각 다양한 정체성 협상을 통해 상황에 따른 유연한 대처방식을 끊임없이 스스로 발견해 나가야 한다는 점도 지적해 보았다(제6장).

끝으로 셋째, 첫눈에는 부정적으로 인식되기 쉬운 타자의 문화적 이질성 안에서도 다분히 의식적으로 '긍정적 요소와 가능성을 발견하고자 하는 태도'이다. 제6장에서 다루었던 이 태도는 다양성으로부터 새로운 풍요로움을 창출해낼 수 있도록 하는 적극적인 태도이다.

본서에서 제안하는 태도 교육으로서의 상호문화교육은 이처럼 비판적 사고와 유연성을 길러 이질적 문화를 지닌 타자와의 갈등상황에 미리 대비하는 훈련의 기회를 제공할 뿐 아니라, 거기서 한 걸음 더 나아가 첫눈에는 장애 요인으로 인식되기 쉬운 요소까지도 새로운 풍요로움(richesse) 창출의 기회로 전환시키고자 하는 적극적 태도까지를 포함하는 교육이라 할 수 있다.

☑☑ 비판적으로 사고하려는 태도를 형성하도록 노력한다.[1]

☑☑ 유연하게 대처하려는 태도를 형성하도록 노력한다.

☑☑ 긍정적 요소와 가능성을 발견하고자 하는 태도를 형성하도록 노력한다.

본서에서는 이처럼 내용 면에서 '비판적 사고–유연한 대처–가능성 발견'이라는 크게 세 종류의 태도 형성에 대하여 다루어 보았다.[2]

---

1) 여기서 언급하는 '세 종류의 태도'는 CARAP 참조기준의 다음 세 기술항을 활용한 것이다: 〈A 9〉 문화에 대한 비판적 태도("Attitude critique face à la culture"); 〈A 13〉 적응하려는 의지 또는 유연성("Vouloir s'adapter/Souplesse"); 〈A 16.5〉 이질적 문화와의 접촉이 가져다 줄 수 있는 잠재적 풍요로움에 주목하는 자세("Être attentif aux possibilités d'enrichissement culturel que peut entrainer le contact avec une autre culture"). 인용된 기술항 전문은 〈참고자료 I〉 참조.

2) 이러한 태도 교육이 궁극적으로 지향하는 바는 인식의 전환으로서, 첫째, '단순화시켜 보기'에서 '복합성을 보기'로의 전환(〈정〉, 〈고편〉, 〈가〉 단원), 둘째, '절대적인 것으로 보기'에서 '상대적인 것으로 보기'로의 전환(〈자〉 단원), 셋째, '부정적으로 보기'에서 '긍정적으로 보기'로의 전환(〈다〉 단원)이라는, 적어도 세 종류의 인식의 전환을 태도 교육으로서의 상호문화교육을 통해서 기대해 볼 수 있다.

다른 한편, 상호문화교육의 방법에 있어서, 본서는 특히 프랑스학이 상호문화교육에 크게 기여할 수 있음을 강조하여 보았다. 그리고 '프랑스 문화' 관련 지식, 프랑스와 관련된 개인 경험담 및 액자 수업 등을 통해 '프랑스학에 기반을 둔 상호문화교육'의 내용과 방법을 구체적으로 예시해 보였다. 이처럼 오늘날 국내 대학에서 넓은 의미에서의 '프랑스학(Etudes françaises)'과 관련된 학과들(불어불문학과, 프랑스어과, 프랑스문화과, 프랑스어교육과 등)이 상호문화교육에 있어 상당히 중요한 역할을 담당할 수 있다는 것이 본서에서의 우리의 근본 입장이자 제안이다. 국내 대학에서 '프랑스학' 관련 학과들이 오늘날 모든 현대인에게 필요한 상호문화교육을 실행에 옮기는 데 효과적으로 기여할 수 있을 것이라는 것이다.

과거, 국내 대학의 '프랑스학' 관련 학과들은 문화에 대한 관심 증대로 전통적인 문학–어학이라는 양대 구조의 교육과정을 '문화' 부분을 증대시키는 쪽으로 전면 개편한 바 있다. 이제 바야흐로 '프랑스학에 기반을 둔 상호문화교육적 요소'도 '프랑스학' 교과과정에 새롭게 포함시켜야 할 시기가 도래하지 않았을까?

국내 대학의 '프랑스학' 관련 학과들이 세계화 시대와 다문화 사회를 맞은 우리 학생들의 인성 교육 및 사회화 교육에 지금까지와는 또 다른 방식으로 새롭게 기여하고, 동시에 프랑스학 관련 학과의 새로운 도약과 활성화도 꾀하면서 말이다.

이것은 우리가 제목에서 '프랑스학'이라는 표현을 쓴 또 다른 이유이기도 하다. 거기에는 앞으로 넓은 의미의 '프랑스학' 관련 학과가 대한민국의 상호문화교육에 기여할 부분이 많을 것이라는 기대가 녹아 있다. 이처럼 본서는 국내에서 상호문화교육의 활성화를 꾀함과 동시에 한국 대학 '프랑스학' 관련 학과들의 활성화와 새로운 도약 가능성도 함께 제시하였음을 독자들이 감지하였기를 바란다.

참고자료 I

본서에서 선정 · 활용한 CARAP 기술항 원문 목록

A 4 Acceptation positive °° de la diversité ° linguistique / culturelle° / de l'autre /du différent°° <다>[1)]

A 7.3.1 Capacité d'affronter (avec confiance) ce qui est ° nouveau / étrange° °° dans le comportement ° langagier / culturel° / dans les valeurs culturelles°° d'autrui <나>

A 7.3.4 Être prêt à sentir son identité menacée [à se sentir désindividué] <정>, <고편>

A 8.1 Volonté d'engager le défi de la diversité ° linguistique / culturelle° (avec la conscience d'aller au-delà de la simple tolérance, vers des niveaux plus profonds de compréhension et de respect, vers l'acceptation <다>

A 8.6.1 Volonté d'entrer en interaction avec des membres de la ° culture / langue° d'accueil <ne pas éviter ces membres / ne pas rechercher uniquement la compagnie de membres de sa propre culture> <다>

A 8.6.2 Volonté d'essayer de comprendre les différences ° de comportement / de valeurs / d'attitudes° des membres de la culture d'accueil <다>

A 9 ° Attitude critique de questionnement / posture critique° face au langage / à la culture en général <나>

---

1) 이곳에 열거된 CARAP 개별 기술항이 활용된 본서의 단원(제2장-제7장)을 각각 〈정〉, 〈고편〉, 〈자〉, 〈가〉, 〈다〉, 〈나〉와 같이 코드화하여 표기하였다. 각 기술항은 해당 단원에서 '상호문화지식(☑)'이나 '상호문화적 배움(☑☑)'으로 나오기도 하고, 퀴즈, 개인경험담, 액자수업 등 기타 항목 안에 녹아 나오기도 한다.

A 9.2 Considérer °°les °langues / cultures° // la diversité des °langues /cultures° // les «mélanges» de °langues / cultures° // l'apprentissage des langues // leur importance // leur utilité…°° comme des objets «questionnables» <자>

A 9.3.1 Capacité à prendre une distance critique avec les informations et les opinions °des médias / du sens commun / d'interlocuteurs° °sur leur propre communauté / sur sa propre communauté° <고편>

A 9.4 Attitude critique à l'égard °de ses propres valeurs [normes] / des valeurs [normes] d'autrui° <가>

A 10 Volonté de construire des °connaissances / représentations° «informées» <고편>

A 11 °Disponibilité à / Volonté de° suspendre °son jugement / ses représentations acquises / ses préjugés° <고편>

A 11.1 °°Être disposé à prendre de la distance par rapport à sa propre °langue / culture° // regarder sa propre langue de l'extérieur°° <자>

A 11.3 Volonté de combattre (/ déconstruire / dépasser /) ses préjugés envers les autres °langues / cultures° et leurs °locuteurs / membres°) <고편>

A 11.3.1 Etre attentif à ses propres réactions négatives envers les différences °culturelles / linguistiques° {craintes, mépris, dégout, supériorité...} <고편>

A 12.2.1 Être disposé à se décentrer par rapport à °la langue et la culture maternelles / la langue et la culture de l'école° <자>

A 13 °Vouloir / être dispose à ° s'adapter / Souplesse°° <나>

A 13.4 Volonté de se confronter à diverses façons °de percevoir / de s'exprimer / de se comporter° <자>

A 16.5 Être attentif [vigilant] face aux possibilités d'°ouverture / enrichissement° culturel(le) que peut entrainer le contact avec une autre ou d'autres °langue(s) / culture(s)° <나>

K 2.3 Savoir que l'identité se °construit / définit° en interaction avec un «autre» dans la communication <정>

K 8.1 Savoir qu'une culture est un ensemble °de pratiques / de représentations / de valeurs° de toutes sortes partagé (partiellement du moins) par ses membres <자>, <가>

K 8.4 Savoir que dans chaque culture les acteurs définissent °des règles / normes / valeurs° (partiellement) spéifiques concernant °les pratiques sociales / les comportements° <가>

K 8.4.4 Savoir que ces °règles / normes / valeurs° peuvent évoluer dans le temps et l'espace <가>

K 10.1 Savoir que les °usages / normes / valeurs° spécifiques de chaque culture rendent complexes °le comportement / les décisions personnelles° en contexte de diversité culturelle <가>, <다>

K 10.4.1 Savoir que les connaissances qu'on a des cultures comportent souvent des aspects stéréotypés <manière simplifiée et parfois utile d'appréhender un aspect de la réalité, avec danger d'excès de simplification et de généralisation> <고편>

K 10.4.2 Connaitre quelques stéréotypes d'origine culturelle qui peuvent influer sur les relations et la communication interculturelles <고편>

K 10.4.3 Savoir qu'il y a des préjugés culturels <고편>

K 10.4.3.1 Connaitre quelques exemples de °préjugés / malentendus° d'origine culturelle (en particulier à propos des cultures de communautés dont on apprend la langue) <고편>, <자>

K 11.1 Savoir que les °pratiques / valeurs° culturelles se constituent et évoluent sous l'influence de différents facteurs (/ l'histoire /l'environnement / l'action des membres de la communauté /··· <가>

K 12.1.2 Savoir qu'il existe, en lien à la diversité des cultures, une grande pluralité de °valeurs / normes° différentes <가>

K 13.1.1 Savoir qu'un même comportement peut avoir °une signification / une valeur / une fonction° différentes selon les cultures <가>

K 14.1 Savoir que l'identité se construit sur divers plans {social, national, supranational…} <정>

K 14.2 Savoir que l'on appartient toujours à plusieurs (sous-)cultures <정>

K 14.6 Savoir que son identité culturelle propre peut être complexe (en lien avec l'histoire personnelle, familiale, nationale…) <정>, <다>

K 14.6.1 Connaitre quelques éléments déterminants de sa propre identité culturelle <정>

K 15.2 Savoir que l'on peut s'approprier une nouvelle culture pour autant que l'on en ait envie et que l'on accepte d'adhérer aux valeurs liées à cette culture <가>, <다>

K 15.3 Savoir que l'on n'est jamais obligé d'adopter les °comportements / valeurs° d'une autre culture <자>

S 4.4 Savoir argumenter à propos de la diversité culturelle {avantages, inconvénients, difficulté…} et construire sa propre opinion à ce sujet <다>

참고자료 II

상호문화지식 및 상호문화적 배움 목록

제2장 정체성

☑ 한 개인의 정체성은 소속집단의 총합으로 정의될 수 없다.

☑ 개인의 정체성은 복수적이며 고유하다.

☑ 개인은 자신의 고유한 정체성을 역동적으로 형성해 나간다.

☑ 장소나 대화상대자 등 상황에 따라 다른 정체성 측면이 부각될 수 있다.

☑ 정체성은 상대적이다.

☑ 정체성은 가변적이다.

☑ 문화적 이질성을 지닌 타자의 정체성 역시 복수적, 상대적, 가변적이다.

☑☑ 문화적 이질성을 지닌 타자와 상호작용할 때 정체성 축소와 같은 정체성 위협을 겪을 수도 있음을 염두에 둔다.

☑☑ 타자의 정체성을 축소하지 않도록 의식적으로 노력한다.

☑☑ 문화적 이질성을 지닌 타자의 정체성 역시 복수적, 상대적, 가변적임을 인식한다.

제3장 고정관념과 편견

☑ 범주화는 중립적이지도 절대적이지도 않다.

☑ 범주화의 기준은 자의적이다.

☑ 범주화가 반드시 고정관념이나 편견으로 이어지는 것은 아니나, 인간집단의 범주화는 고정관념이나 편견의 기초가 되어 그것을 형성할 가능성을 만든다.

☑ 고정관념은 어떤 인간집단이나 그 구성원을 지속적으로 동일한 방식으로 범주화하는 경직된 시선이다.

☑ 편견은 특정 고정관념과 직결시키는 주로 부정적인 견해이다.

☑ 타자에게서 '사람'을 보기보다 단지 그가 소속된 '집단의 일원'을 보는 것은 고정관념이다.

☑ 타자가 속한 집단에 대해 우리 머릿속에 지니고 있는 주로 부정적인 이미지를 실재하는 개인인 그에게 고스란히 전이시키는 것은 편견이다.

☑ 수용하기 어려운 이질성을 지닌 타자를 전혀 몰랐을 때와 그를 조금이라도 알았을 때 사이에는 인식의 변화와 관용이 생겨날 수 있다.

☑ 고정관념과 편견은 특정 범주에 대한 단편적 정보를 바탕으로 일반화와 단순화를 함으로써 형성된다.

☑ 한 문화집단의 내부 구성원들은 동질적이지 않다.

☑ 다문화된 사회에서 인종, 종교, 출신문화적 요인은 고정관념과 편견을 발생시키는 주요 요인들이다.

☑ 실재하는 개인은 그가 소속된 집단의 이미지와 완전히 일치하지 않는다.

☑ 고정관념과 편견으로 실체를 보지 못하여 상대에게 상처를 주거나 잘못된 판단을 내릴 수도 있다.

☑ 한 번 형성된 고정관념과 편견은 불일치 표본 앞에서도 수정되기 어려운 저항 속성을 지닌다.

☑ 자신의 고정관념과 편견을 인식하기란 쉽지 않다.

☑ 고정관념과 편견은 개인 간에 상호적으로 존재한다.

☑☑ 어떤 범주화 기준을 절대 기준인 양 취급하는 자세는 지양한다.

☑☑ 수용하기 어려운 이질성을 지닌 타자라도 무조건 멀리 하는 대신 좀 더 알고자 하는 열린 자세를 지닌다.

☑☑ 일반화, 단순화된 특정 범주에 대한 이미지와 거리를 두려는 자세를 갖는다.

☑☑ 나의 대화상대자가 자신의 문화에 대해 알려주는 단정적인 정보나 의견에 대하여 거리를 둘 줄 안다.

☑☑ 타자를 고정관념적 이미지가 아닌 실재하는 개인으로 보도록 의식적으로 노력한다.

☑☑ 고정관념과 편견의 저항 속성에 대해 인식하고 기존 정보나 이미지를 새로운 정보에 비추어 재검토 혹은 수정할 줄 아는 열린 마음자세를 지닌다.

☑☑ 다른 문화권의 타자도 우리를 바라볼 때 고정관념과 편견에서 자유롭지 못함을 인식한다.

제4장 자민족중심주의

☑ 우리에게는 자문화의 프리즘으로 타문화를 바라보는 성향이 있다.

☑ 타문화 상황이 이상하거나 비정상적으로 보이는 것은 자문화의 프리즘의 영향일 수 있다.

☑ 자신에게는 친숙하고 자연스러운 것이 타문화권 타자에게는 이상하고 부자연스럽게 비칠 수 있다.

☑ 문화에 따라 동일 사물에 대한 인식의 차이가 존재하기도 한다.

☑ 타문화를 자문화의 프리즘이 아닌 그 문화 고유 맥락에서 바라보기란 무척 어렵다.

☑ 자문화를 외부의 시선에서 바라보기란 무척 어렵다.

☑ 성공적인 상호문화소통을 위해서는 쌍방의 적극적 소통의 노력이 필요하다.

☑ 타자와 유사해지도록 급격한 입장이나 행동의 변화를 유도하는 것이 상호문화적 소통의 목적은 아니다.

☑ 문화란 자명한 것(évidence)이 아니며 질문을 던져 볼 수 있는 대상(objet questionnable)이다.

☑☑ 타문화 요소가 비정상적으로 보이거나 이해되지 않을 경우 그것이 자문화의 프리즘 탓은 아닌지 자문해 보면서 타문화의 상황을 그 문화의 고유한 맥락 안에서 이해해 보고자 노력한다.

☑☑ 이질적 문화를 지닌 타자가 나의 모문화에 대해 부정적 반응을 보일 때 그의 외부인적 입장을 고려하여 보다 관대하고 유연한 자세로 대처하도록 한다.

☑☑ 문화에 따라 동일 사물에 대한 상이한 인식방식이 존재하기도 함을 인정하려는 열린 마음자세를 지닌다.

☑☑ 이질적 문화를 지닌 타자와 소통장애가 발생할 경우 그것이 모문화와 타자의 문화 사이에 존재하는 인식의 차이에 기인한 것은 아닌지 자문해 본다.

☑☑ 자문화를 외부의 시선에서 바라보고자 노력한다.

☑☑ 자문화에 대해 탈중심화(décentration)하려는 태도를 갖는다.

제5장 가치체계의 대립

☑ 동일 행동이 문화에 따라 다른 가치를 지닐 수도 있다.

☑ 민주주의 사회에서 문화집단 간 가치체계의 대립이 자율적으로 해결될 수 없는 경우 법의 개입이 필요할 수도 있다.

☑ 가치체계의 대립은 공간분리로 이어질 수도 있다.

☑ 다양성이 존재하는 사회에서 발생한 모든 갈등 상황이 반드시 인종, 민족, 종교, 출신문화적 요인에 기인하지는 않는다.

☑ 인종, 민족, 종교, 출신문화적 다양성은 한 사회에서 집단 간 대립의 빌미가 되기도 한다.

☑ 군중심리를 조종하려는 정치세력에 의해 인종, 민족, 종교, 출신문화 요인이 남용되는 경우는 흔하다.

☑☑ 타자나 타집단의 가치에 대해 좀 더 유연한 자세를 지니고자 노력한다.

☑☑ 가치체계의 대립으로 인한 공간분리의 위협에 대해 인식한다.

☑☑ 문화적 이질성을 지닌 타자와의 상호작용 상황에서 갈등의 원인을 단 몇 가지로 축소하지 않도록 의식적으로 노력한다.

제6장 다양성과 사회

☑ 다양성은 부가적인 관리 과제가 발생하기도 한다.

☑ 일정 공간 안에서의 다양성 인정 결정은 조율과 관리라는 과제가 발생한다.

☑ 한 사회의 다문화화는 추구하는 목적이 아닌 주어진 결과다.

☑ 한 사회의 다문화화는 억제하거나 과거로 되돌리기 어려운 현상이다.

☑ 문화적 이질성을 지닌 타자는 나와 함께 '우리'라는 공동운명체를 형성한다.

☑ 나와 타자가 공동운명체를 형성하는 상황은 이미 주어진 상황이다.

☑ 타자의 문화적 이질성 및 혼성은 사회적 풍요로움 창출의 원천일 수 있다.

☑ 현대사회를 살아가는 개인은 자신이 속한 다양한 문화집단이나 영역들 사이에서 끊임없이 타협하고 협상하며 스스로 균형점을 찾아 나가야 한다.

☑ 가치, 신념, 기호 등의 공유, 공동운명체에 대한 인식과 인정, 이질적인 타자에게 다가가고자 하는 의지와 행동, 구체적인 공동의 목표와 계획 설정, 재정적,

경제적으로 안정된 상황은 이질적 문화를 지닌 개인들 간의 결속력을 강화시켜 이질성을 껴안고 함께 살아가는 데 도움을 줄 수 있는 요건들이다.

☑☑ 나와 타자는 함께 '우리'라는 공동운명체를 형성한다는 사실을 직시하고 서로의 이질성을 최대한 수용하고자 노력한다.

☑☑ 나와 상호작용하는 타자의 문화적 이질성 및 혼성을 장애요인으로 보는 대신 새로운 풍요로움 창출의 기회로 본다.

제7장 나오며

☑☑ 비판적으로 사고하려는 태도를 형성하도록 노력한다.

☑☑ 유연하게 대처하려는 태도를 형성하도록 노력한다.

☑☑ 긍정적 요소와 가능성을 발견하고자 하는 태도를 형성하도록 노력한다.

참고자료 III

프랑스학과(Département d'études françaises) 수업과 상호문화교육

본서는 물론 상호문화교육을 위해 특별히 신설된 '상호문화교육의 이해'와 같은 대학 교양 강좌에서 전체적으로 활용할 수도 있고, 기존하는 수업의 틀 안에서 부분적으로 활용할 수도 있다. 후자의 경우, 본서에서 소개한 내용을 수업의 구안과 실행 단계에서 어떻게 활용할 수 있을지 프랑스학과 수업의 예를 들어 간략히 예시해 본다.

A. 기존하는 프랑스학과(Département d'études françaises) 수업에 상호문화교육을 도입하고자 할 때, 기존 수업 내용 중 상호문화활동으로 자연스럽게 이어질 수 있는 적절한 내용을 찾아내어 상호문화활동과 접목시킬 수 있다. 예를 들어, '프랑스 문화' 수업에 상호문화활동을 부분적으로 도입하고자 한다면, [표 4]와 같이 이미 존재하는 주차별 강의계획안 중 일부 내용과 연관되는 상호문화활동을 도입하여 [표 5]에서와 같이 새로운 강의계획안을 구안해 볼 수 있다.

표 4 기존 '프랑스 문화' 수업

주별 세부 강의계획		
강의주차	강의내용	기타사항
X주차	프랑스의 식문화: 세계적으로 유명한 프랑스 대표음식, 지방 전통음식, 식사예절	교재, PPT, 강의자료 참조
Y주차	프랑스의 영화: 영화의 탄생부터 현대 프랑스 영화 개관, 주요 감독/배우 및 대표작, 영화산업과 영화제	교재, PPT, 강의자료 참조

표 5 상호문화활동을 접목시킨 '프랑스 문화' 수업

주별 세부 강의계획		
강의주차	강의내용	기타사항
X주차	프랑스의 식문화: 세계적으로 유명한 프랑스 대표음식, 지방 전통음식, 식사예절 〈자〉: 동일 사물에 대한 인식의 차이('빵') (본문 72~75쪽) 〈가〉: '음식금기' (본문 94~95쪽) 〈다〉: 다양성 관리 과제('음식금기') (본문 109~110쪽)	교재, PPT, 강의자료 참조
Y주차	프랑스의 영화: 영화의 탄생부터 현대 프랑스 영화 개관, 주요 감독/배우 및 대표작, 영화산업과 영화제 〈자〉: 자문화의 프리즘('트뤼포', '화씨451도') (본문 63~68쪽) 〈다〉: 문화적 복수성과 새로운 풍요로움 창출('아자니', '스커트 데이') (본문 116~121쪽)	교재, PPT, 강의자료 참조

상호문화활동은 프랑스어 수업과도 접목시킬 수 있다. 단, 이 경우, 교육자료는 언어 교육을 위한 유의미한 언어요소뿐 아니라 상호문화활동과 연결할 수 있는 적절한 문화요소도 포함하는 자료이어야 하므로, 각별히 세심한 자료 선정 과정이 필요하다. 주교재가 이 같은 교육자료 요건을 충족시키지 않는다면 적절한 보조 자료를 활용할 필요가 있다.

가령, '프랑스어 회화' 수업에 상호문화활동을 도입하려 했을 때, [표 6]에서처럼 이미 존재하는 수업 강의계획안에 적절한 보조 자료를 추가 활용하여 [표 7]에서처럼 부분적으로 상호문화활동을 접목시킨 강의계획을 세워 볼

수 있다.

표 6 기존 '프랑스어 회화' 수업

주별 세부 강의계획		
강의주차	강의내용	기타사항
X주차	Leçon 12, Unité 3, Chez Susana: 주거 공간, 가족 관계	교재 66~69쪽[1], 강의자료 참조

표 7 상호문화활동을 접목시킨 '프랑스어 회화' 수업

주별 세부 강의계획		
강의주차	강의내용	기타사항
X주차	Leçon 12, Unité 3, Chez Susana: 주거 공간, 가족 관계 보조 자료-영화 Tanguy 발췌 동영상: 주거 공간, 가족 관계 한국인에게는 낯선 주거 공간 이용 및 가족 관계[2] 〈자〉: 이해하기 어려운 타문화 상황 (본문 75~77쪽), 외부의 시선으로 자문화 바라보기 (본문 69~72쪽)	교재 66~69쪽, 동영상, 강의자료 참조

B. 본서에 실린 내용을 담당한 개별 수업의 틀 안에서 어떻게 활용할 것인지는 교수자들이 잘 알 수 있을 것이라 사료된다. 여기서는 여타 항목에 비해 다소 생소할 수도 있는 '액자수업'을 교육현장에서 실행하는 방안에 대해서만 간략히 한 가지 제안해 보고자 한다.

가령, 3장 3절 액자수업에 기술되어 있는 '고정관념과 편견 형성 메커니즘' 활동을 '프랑스 문화' 수업에서 실행하고자 하였을 때, 해당 상호문화활동이 적절히 녹아들어간 강의안 구안을 끝마친 상태에서, 교수자는 우선 본

1) 예시용 교재는 Festival 1이다. 프랑스 가정의 주거 공간이나 가족 관계를 묘사하는 다른 FLE 교재로 대체하는 것도 물론 가능하다.

2) 가볍게 사귀는 이성 친구를 부모 집에 데려와 함께 자는 아들 탕기(Tanguy)나 남자 친구네 부엌에서 가벼운 옷차림으로 모닝커피를 마시며 친구 아버지와 스스럼없이 대화를 나누는 탕기 여자 친구 등 한국인에게 다소 생소한 문화요소를 예로 들 수 있겠다. 그 밖에도 보조 자료를 활용하여 "T'as des soucis?", "C'est pas grave", "Mince!" 등과 같이 구어만의 특성을 잘 드러내는 언어요소나 vouvoiement/tutoiement 선택 문제와 같은 언어-문화요소도 다룰 수 있다.

서의 내용을 참조하여 계획한 수업시간에 실제로 학습자참여활동을 이끌어 낼 수 있겠다. 이어, 그 다음 수업시간에 학생들과 본문 44~47쪽을 함께 읽어 내려가며 정리와 복습 활동을 할 수 있을 것이다.[3] 이어지는 이 두 번째 수업시간에 [표 8]과 같은 식의 교수자 담화를 생각해 볼 수 있다.[4]

표 8 '액자수업' 관련 상호문화활동 실행 예시

교수자 담화	3장 3절 내용
자아, 44쪽을 펼쳐 보세요. 여러분, 지난 시간에 '프랑스인'하면 떠오르는 이미지를 각자 쪽지에 적어 보았었지요? 여러분이 적었던 응답을 '생각해 보시기 바란다' 문장 밑에 다시 써 넣어 보세요.	[본문 44쪽] 이어 교수자는 학생들에게 '프랑스인' 하면 떠오르는 이미지도 적어 보도록 하였다. 여러분도 이번에는 '프랑스인' 하면 떠오르는 이미지에 대해 생각해 보시기 바란다.
그 아래쪽을 보면 다른 학우들의 의견이 나와 있는데 여러분도 이 의견에 동의하는지 한 번 볼까요? 자아, 모두 고개를 들고, 제가 몇 개 읽어볼 테니 동의하면 고개를 끄덕여 보세요. 프랑스인은 예술을 좋아한다?[답할 시간 줌] 프랑스인은 잘 안 씻는다?[답할 시간 줌]	[본문 45쪽] 프랑스인은: 자유롭다, 호기심이 많다, 골초이다, 하얗다, 예술을 좋아한다, 여유롭다, 자국어에 자부심이 강하다, 느리다, 개인주의가 심하다, 잘 안 씻는다, 다른 문화에 관심이 많다, 이성적이다, 햇빛을 좋아한다, 시간 약속을 안 지킨다, 식사를 오래한다 등.
그리고 좀 더 아래쪽을 보세요. 우리도 지난 시간에 질문에 각자 응답해 보았었죠? 쪽지에 적었던 답을 책에도 적어 보세요.	[본문 45쪽] 여러분 머릿속 이미지와 관련하여 다음 두 질문에 답해 보시기 바란다. - 여러분은 프랑스인을 실제로 만난 적이 있는가? - 프랑스인에 대해 여러분이 지니게 된 이미지는 어디서 왔다고 생각하는가?
- 중략 -	
그럼 이제, 아까 발표했던 학우들의 말을 정리해 볼까요? 이번 학기 수업에서는 A, B, C 학생이 프랑스	[본문 46쪽] '프랑스인은 자유롭다'라고 정의한 학생은 프랑스 남성 한 명을 문학살롱에서 만날 기회가 있

3) 본문에 기술된 학습자참여활동과 본서를 활용한 정리·복습 활동은 같은 수업시간에 연이어 하기보다는 두 수업시간에 나누어 진행할 것을 권장한다.

4) 〈표 8〉의 교수자 담화는 어디까지나 예시임을 강조한다.

인을 실제로 만난 적이 있다고 했었지요. 이 학생들이 말하는 프랑스인 이미지는 이랬었고[칠판에 적음] A학생은 ○명, B학생은 ○명, C학생은 ○명의 프랑스인을 실제로 만나보았다고 했습니다.[칠판에 적음] 책에 나와 있는 전년도 학생들 의견도 들어볼까요? 여러분, 46쪽을 보면서 대답해 보세요. '프랑스인은 자유롭다'라고 한 학생은 프랑스인을 몇 명 만났었지요?[답할 시간 줌] -예, 한 명~ 많은 수였나요?[답할 시간 줌]	었는데, 직업이 소설가인 그는 짧은 만남이었지만 매우 자유로운 분위기를 풍겼다고 하였다. - 중략 -

- 중략 -

자아, 여러분, 지금까지 우리 활동을 통해서 무엇을 알 수 있나요?[답할 시간 줌] [학생들 의견 수렴 후 의견 요약] 이상 우리가 이야기한 내용을 책을 보면서 정리해 볼까요? 47쪽 체크 표시가 된 부분을 보세요.	[본문 47쪽] ☑ 고정관념과 편견은 특정 범주에 대한 단편적 정보를 바탕으로 일반화와 단순화를 함으로써 형성된다.[5]

이처럼 본문의 액자수업 항목은, 교수자가 우선 본문의 내용을 참조하여 실제 수업시간에 상호문화활동을 실행한 뒤, 그 다음 수업시간에 책에서 관련 내용을 학생들과 함께 짚어보면서 복습용으로 본서를 활용할 것을 제안하는 바이다.

5) 학습자 경험을 바탕으로 한 학습자참여활동을 충분히 진행한 후에 비로소 상호문화지식과 상호문화적 배움을 소개하는 'A-S-L 모델', 즉 Activité(활동)-Savoir(지식)-Leçon(배움) 모델은 윤소영(en préparation)에서 상세히 기술하도록 한다.

참고문헌

Abdallah-Pretceille, M. (1999), *L'éducation interculturelle*, Paris, Presses Universitaires de France, Col. Que sais-je?

Abdallah-Pretceille, M. & Porcher, L. (1996), *Education et communication interculturelle*. Paris, Presses Universitaires de France.

Alao, G., Medhat-Lecocq, H. Yun-Roger, S. & Szende, T. (dir.) (2010), *Implicites, Stéréotypes, Imaginaires : La composante culturelle en langue étrangère*, Paris, Edition des archives contemporaines.

Alao G., Dérivry, M., Suzuki, E. & Yun-Roger, S. (dir.) (2012), *Didactique plurilingue et pluriculturelle: l'acteur en contexte mondialisé*, Paris, Edition des archives contemporaines.

Anquetil, M. (2004), Les compétences interculturelles sont-elles des savoir-être?, in Zarate, G. & Gohard-Radenkovic, A. (dir.) *La reconnaissance des compétences interculturelles: de la grille à la carte*, Les Cahiers du CIEP, Didier, pp. 77-93.

Anquetil, M. (2006), *Mobilité Erasmus et communication interculturelle*, Bern, Peter Lang.

Beacco, J.-C. (2000), *Les dimensions culturelles des enseignements de Langues*, Paris, Hachette.

Beacco, J.-C. (2011), Les dimensions culturelles et interculturelles des enseignements de langues, texte présenté lors du Séminaire *Convergences curriculaires pour une éducation plurilingue et interculturelle*, Strasbourg, 29-30 novembre 2011.

Beacco, J.-C., Byram, M., Cavalli, M., Coste, D., Egli Cuenat, M., Gouillier, F. &

Panthier, J. (2010), *Guide pour le développement et la mise en oeuvre de curriculums pour une éducation plurilingue et interculturelle*, Strasbourg, Division des Politiques Linguistiques, Conseil de l'Europe.

Bennett, M. J. (1986), A Development Approach to Training for Intercultural Sensitivity, *Intercultural Journal of Intercultural Relations*, Vol. 10, No. 2, New York, pp. 179-196.

Bennett, M. J. (1993), Towards ethnorelativism: a Development Model of Intercultural Sensitivity, in Paige R. M. (ed.) *Education for the Intercultural Experience*, Yarmouth ME, pp. 21-71.

Blanchet, Ph. & Coste, D. (dir.) (2010), *Regards critiques sur la notion d' « interculturalité ». Pour une didactique de la pluralité linguistique et culturelle*, Paris, L'Harmattan.

Byram, M. (1997), *Teaching and assessing intercultural communicative competence*, Clevedon, Multilingual Matters.

Byram, M. (2009), *Sociétés multiculturelles et individus pluriculturels: le projet de l'éducation interculturelle*, Strasbourg, Division des Politiques linguistiques, Conseil de l'Europe.

Byram, M. & Zarate, G. (1996), *Les jeunes confrontés à la différence. Des propositions de formation*, Strasbourg, Conseil de l'Europe.

Byram, M. & Zarate, G. (1997), Définitions, objectifs et évaluation de la compétence socioculturelle, in Byram, M., Zarate, G. et Neuner, G. (dir.) *La compétence socioculturelle dans l'apprentissage et l'enseignement des langues*, Strasbourg, Conseil de l'Europe, pp. 6-41.

Byram, M., Gribkova, B. & Starkey, H. (2002), *Développer la dimension interculturelle de l'enseignement des langues*, Strasbourg, Division des Politiques linguistiques, Conseil de l'Europe.

Byram, M., Barrett, M., Ipgrave, J., Jackson, R. & Menez, Garcia, M. (2009), *Autobiographie de Rencontres Interculturelles: Contexte, concepts et théories*, Strasbourg, Division des Politiques linguistiques, Conseil de l'Europe.

Candelier, M., Camilleri–Grima, A., Castellotti, V., de Pietro, J.–F., Lörincz, I., Meißner, F.–J., Noguerol, A., & Schröder–Sura, A. (2012), *Un Cadre de Référence pour les Approches Plurielles des Langues et des Cultures: Compétences et ressources*, Graz, Centre européen pour les langues vivantes, Conseil de l'Europe.

Clanet, C. (1993), *Introduction aux approches interculturelles en éducation et en sciences humaines*, Toulouse, Presses Universitaires du Mirail.

Collès, L. (2010), *De la culture à l'interculturel*, consultable sur: http://alainindependant.canalblog.com/archives/2010/03/11/17158445.html

Conseil de l'Europe (1986), *L'interculturalisme: de l'idée à la pratique didactique et de la pratique à la théorie*, Strasbourg, Conseil de l'Europe.

Conseil de l'Europe (1995), *Kit pédagogique: Idées, ressources, méthodes et activités pour l'éducation interculturelle informelle avec des adultes et des jeunes*, Centre européen de la jeunesse, Strasbourg, Conseil de l'Europe.

Coste, D., Moore, D. & Zarate, G. (2009[1997]), *Compétence plurilingue et pluriculturelle*, Strasbourg, Conseil de l'Europe.

Cuq, J.–P. (dir.) (2003), *Dictionnaire du français langue étrangère et seconde*, Paris, CLE International.

De Carlo, M. (1998), *L'interculturel*, Paris, Clé international.

Dérivry, M. (2015), *Les enseignants dans la mondialisation*, Paris, Editions des archives contemporaines, Col. PLID.

Dérivry, M., Alao G., Yun–Roger, S. & Suzuki, E. (dir.) (2014), *La didactique plurilingue et pluriculturelle à l'épreuve du terrain éducatif: contraintes, résistances, tensions*, Paris, Editions des archives contemporaines, Col. PLID.

Dérivry, M., Alao G., Yun–Roger, S. & Suzuki, E. (dir.) (2014), *Dispositifs éducatifs en contexte mondialisé et didactique plurilingue et pluriculturelle*, Bern, Peter Lang.

Doron, R. & Parot, F. (dir.) (1991), *Dictionnaire de psychologie*, Paris, Presses Universitaires de France.

Doytcheva, M. (2011), *Le multiculturalisme*, Paris, La Découverte.

Galisson, R. (1991), *De la langue à la culture par les mots*, Paris, CLE International.

Godin, Ch. (1991), *Dictionnaire de philosophie*, Paris, Edition du temps.

Grubb, W. N, Sweet, R., Gallagher, M. & Tuomi, O. (2009), *OECD Reviews of Tertiary Education: Korea*, Paris, OECD.

Ferrol, G. & Jucquois, G. (dir.) (2003), *Dictionnaire de l'altérité et des relations interculturelles*, Paris, Armand Colin.

Han, M.－J. (2011), Réflexions sur l'enseignement du français en Corée: pour une nouvelle orientation, *Synergies Corée* No. 2, pp. 45－55.

Haut conseil à l'intégration (1992), *les conditions juridiques et culturelles de l'intégration*, La Documentation française.

Haut conseil à l'intégration (2006), *Analyse comparative de différents modèles d'intégration en Europe*, La Documentation française.

Haut conseil à l'intégration (2013), *Une culture ouverte dans une République indivisible*, La Documentation française.

KEDI (2006), *OECD Thematic Review of Tertiary Education: Country Background Report for Korea*, Seoul, consultable sur: www.oecd.org/dataoecd/37/41/38092541.pdf

Kim, M. (2003), Teaching and Learning in Korean Classrooms: The Crisis and the New Approach, *Asia Pacific Education Review*, Vol. 4, No. 2, pp. 140－150.

Lee, H.－W. (2014), Deux projets éducatifs en Corée du Sud: les Écoles du progrès et l'Enseignement multiculturel, *Revue internationale d'éducation de Sèvres*, consultable sur: http://ries.revues.org/3764

Lenz, P. & Berthele, R. (2010), *Prise en compte des compétences plurilingue et interculturelle dans l'évaluation*, Strasbourg, Division des politiques linguistiques, Conseil de l'Europe.

Maalouf, A. (2001[1998]), *Les Identités meurtrières*, Paris, Le Livre de Poche.

Moore, D. (2001), *Les représentations des langues et de leur apprentissage*, Paris, Didier.

Morin, E. (1999), *Les sept savoirs nécessaires à l'éducation du futur*, Paris, Edition Seuil.

OCDE (2013), Quels facteurs influencent la mobilité internationale des étudiants?, *Indicateurs de l'éducation à la loupe*, 2013/05, No. 14, pp. 1–4.

Porcher, L. (2003), Interculturels: une multitude d'espèces, in *Le Français dans le Monde*, No. 329, pp. 33–36.

Porcher, L. (2004), Parcours de l'interculturalité, *Actes du colloque Chemins d'accès: Les nouveaux visages de l'interculturalité*, BNF, 18 novembre 2004, pp. 1–3.

Rouland, N. (1994), La tradition juridique française et la diversité culturelle, *Droit et Société*, 27–1994.

Rouland, N. (2000), Le droit français devient–il multiculturel?, *Droit et Société*, 46–2000.

Semprini, A. (1997), *Le Multiculturalisme*, Paris, Presses Universitaires de France, Col. Que sais–je?

Todorov, T. (2012[2007]), *L'Esprit des Lumières*, Paris, Editions Robert Laffont.

Tribalat, M. (2004), Une estimation des populations d'origine étrangère en France en 1999, *Population*, 2014/1, Institut national d'études démographiques.

Verbunt, G. (2011), *Penser et Vivre l'interculturel*, Paris, Chronique Sociale.

Yun–Roger, S. (2010), Langue et implicites culturels: les termes d'adresse en coréen, in Alao, G., Medhat–Lecocq, H. Yun–Roger, S. & Szende, T. (dir.) *Implicites, stéréotypes, imaginaires: la composante culturelle en langue étrangère*, Paris, Edition des archives contemporaines, pp. 159–169.

Yun–Roger, S. (2011), Le plurilinguisme dans l'enseignement supérieur en France: la mise en œuvre des recommandations du CECR, *Etudes de Langue et Littérature Françaises*, No. 85, Séoul, pp. 447–463.

Yun–Roger, S. (2011), Expérimentation de deux outils pour l'éveil au plurilinguisme: le Portfolio et l'entretien bio–langagier, *Revue d'Etudes françaises*, No. 74, Séoul, pp. 87–106.

Yun-Roger, S. (2011), Profils d'apprenants et parcours de conscientisation d'une enseignante vus à travers un outil pédagogique, "Mon coréen", in Lin-Zucker, M., Suzuki, E., Takahashi, N. et Martinez, P. (dir.) *Compétences d'enseignant à l'épreuve des profils d'apprenant*: vers une ingénierie de formation, Paris, Editions des archives contemporaines, pp. 14-25.

Yun-Roger, S. (2013), Analyse critique de deux versions françaises de Portfolio sous l'angle de la compétence plurilingue et pluriculturelle, *Revue d'Etudes françaises*, No. 82, Séoul, pp. 225-251.

Yun-Roger, S. (2014), Approche interculturelle dans le cours de culture française à l'Université, *Revue d'Etudes françaises*, No. 88, Séoul, pp. 219-246.

Yun-Roger, S. & Suzuki, E. (2009), Les relations enseignant-étudiants et la pensée confucéenne: étude comparative entre la France, la Corée et le Japon, *Le Français dans le monde, Recherches et applications: La circulation internationale des idées en didactique des langues*, No. 46, Paris, pp. 135-145.

Yun-Roger, S. & Kim, S. (2012), « Intégration » des femmes immigrées en Corée du Sud. Quelles approches, quelles méthodes didactiques?, in Alao, G., Derivry-Plard, M., Suzuki, E. & Yun-Roger, S. (dir.) *Didactique plurilingue et pluriculturelle: l'acteur en contexte mondialisé*, Paris, Editions des archives contemporaines, pp. 87-97.

Yun-Roger, S. & Do, S.-H. (2014), Comprendre une société multiculturelle à travers la société française, *Revue d'Etudes françaises*, No. 86, Séoul, pp. 241-263.

Zarate, G. (1986), *Enseigner une culture étrangère*, Paris, Hachette.

Zarate, G. (1993), *Représentations de l'étranger et didactique des langues*, Paris, Didier, Col. CREDIF.

Zarate, G. (2001), Les compétences interculturelles: définition, place dans les curricula, L'enseignement des langues vivantes. Perspectives, *Les actes de la DESCO*, pp. 75-85.

Zarate, G. (dir.) (2001), *Langues, xenophobie, xenophilie dans une Europe multiculturelle*, Caen, Centre régional de documentation pédagogique de Basse-Normandie.

Zarate, G. (dir.) (2003), *Médiation culturelle et didactique des langues*, Strasbourg, Centre européen pour les langues vivantes, Conseil de l'Europe.

Zarate, G. (2009), Prise en compte de la pluralité des identités dans l'enseignement du Français Langue Etrangère: état des lieux d'un débat en cours, conférence consultable sur: https://www.ac-paris.fr/portail/jcms/p1_119237/les-conferences?hlText=zarate

Zarate, G. & Gohard-Radenkovic, A. (2004), L'identité cartographiée: de la grille à la carte, in Zarate, G. & Gohard-Radenkovic, A. (dir.) *La reconnaissance des compétences interculturelles: de la grille à la carte*, Paris, Les Cahiers du CIEP, Didier, pp. 4-8.

Zarate, G., Lévy, D. & Kramsch, C. (dir.) (2008), *Précis du plurilinguisme et du pluriculturalisme*, Paris, Editions des archives contemporaines.

Zarate, G., Lévy, D. & Kramsch, C. (eds.) (2011), *Handbook of Multilingulism and Multiculturalism*, Paris, Editions des archives contemporaines.

곽노경(2012), 프랑스 문화교육에서의 상호 문화적 접근: 현장 사례 분석을 중심으로, 프랑스어문교육, 제41집, pp. 7-28.

김은정(2011), 상호문화 접근법에 기반 한 문화 교육: 프랑스와 한국의 문화 비교 관점에서, 프랑스어문교육, 제37집, pp. 7-34.

김태훈(2010), 한국 대학에서 프랑스 문화교육의 현황과 전망: 문화전공 교육의 몇 가지 가능성에 대한 사례 연구, 한국프랑스학논집, 제72집, pp. 409-430.

김휘택(2010), 프랑스 사회와 다문화 교육: 문화 간 교육에서 다문화 시민교육으로, 한국프랑스학논집, 제70집, pp. 163-182.

윤소영(2008), 외국인을 위한 프랑스어(FLE) 교재에 나타나는 최근 동향 분석, 프랑스어문교육, 제28집, pp. 7-33.

_____(2013), 프랑스어 교육에 있어서 상호문화접근에 관하여: 초급 프랑스어 회

화수업 사례를 중심으로, 프랑스어문교육, 제43집, pp. 65-90.

______(en préparation), 대학 상호문화교육 방법론 고찰 연구: 상호문화활동 구안 및 실행을 위한 방법론적 절차.

이정민(2009), 외국어교육에서의 문화교육: 상호문화적 의사소통에 요구되는 문화능력의 교수-학습 문제를 중심으로, 프랑스어문교육, 제31집, pp. 113-140.

장한업(2009), 프랑스의 상호문화교육과 미국의 다문화교육의 비교연구, 프랑스어문교육, 제32집, pp. 105-121.

______(2014), 이제는 상호문화교육이다: 다문화 사회의 교육적 대안, 교육과학사.

조병준(2010), 다문화주의 정체성 담론 분석: 퀘벡의 '아메리카성'에 대한 고찰을 중심으로, 한국프랑스학논집, 제72집, pp. 591-617.

조홍식(2000), 똑같은 것은 싫다, 창작과 비평사.

허영식 외(2014), 간문화주의와 다양성관리, 박영 스토리.

찾아보기

ㄱ

가치체계 88~106

개인 2, 4~5, 7~12, 16~32, 40~41, 52~53, 58~59, 96, 116, 120~122, 126~127, 130

거리두기 48, 83, 131

결속력 9, 108, 123, 126, 144

고정관념 4, 7~8, 13, 34~60, 131, 140~141, 147, 149

공간분리 96~97, 142~143

공동운명체 108, 114~116, 126, 143~144

공동체주의 97

공립학교 91~94, 103

공적 영역 94, 96, 105, 106

공존 9, 90, 99, 113~114, 126

관리 2, 5, 9, 104, 108~111, 114, 121~122, 126, 143, 146

관용 34, 41, 43, 72, 80, 131, 140

교권 105, 121

군중심리조종 101~102

금기 93, 95, 105, 110~111, 119, 146

기술항 6~9, 132, 135

까쉐르 57, 110~111, 124

ㄷ

다양성 108~127

ㅁ

문화적 복수성 6, 7, 9, 116, 146

문화적 이질성 2~3, 7~9, 27, 31~32, 50, 62, 74, 77, 88, 101, 108, 116, 120~121, 124~125, 130~132

문화적 특수성 94, 105

ㅂ

비판적 사고능력 101~102, 131

ㅅ

사적 영역 94, 96, 105~106

사회통합정책 97, 98

사회화 60, 65

사회화 교육 3, 133

상호문화교육 2~6, 8, 10~12, 130~133

상호문화주의 97~99

선입견 30, 39

성역 95~96, 105

소수자 44, 64, 126

속인주의 60

속지주의 60

수용국 98, 114
신념 43, 76, 92~94, 100, 105, 117, 119, 123, 126, 143
신성모독 96

ㅇ
양성평등 54, 103~105
유연성 7, 126, 131~132
음식금기 93, 110~111, 146
인권 68, 95, 104
인성 교육 3, 133
인식의 전환 132
일반화 32, 46~48, 57, 140~141, 149

ㅈ
자명한 것 62, 80, 131, 142
자문화 4, 8, 62~63, 65~69, 77, 79~80, 82, 130~131, 141~142, 146~147
자민족중심주의 4, 8, 13, 62~85, 141
정교분리원칙 12~13, 105
정권 105, 121
정체성 8, 10, 13, 16~32, 41~42, 44, 51~52, 91, 98, 115~117, 119~120, 122, 126, 130, 139
정체성 위협 16, 24, 27, 139
정체성 주장 27
정체성 축소 16, 24~25, 27, 139
정체성 협상 8, 24
종교중립성 12~13, 91~93, 95, 105
종교중립적 92, 104, 106
주류집단 115, 126

ㅊ
차별 40, 51, 54, 103~104, 117
차이 7, 70, 72, 74~75, 94, 98, 110, 112, 124, 141~142, 146
참조기준 6~9, 132

ㅋ
키파 92

ㅌ
타문화 3~5, 8, 37, 62, 65~68, 71, 74~80, 85, 106, 131, 141~142, 147
탈식민지화 112
탈중심화 77, 79, 83, 142
태도 교육 2, 130, 132

ㅍ
편견 4, 7~8, 13, 30, 34~60, 102, 123, 131, 140~141, 147, 149
평등 92, 94, 95, 100, 104
프랑스학 4, 6, 10, 133

ㅎ
할랄 57, 94, 110~111, 124~125
할례 57, 90
혼성 2, 9, 121, 143~144
히잡 91~93, 99, 117, 122, 126

L'Éducation Interculturelle à l'Université
Une perspective offerte par les études françaises

Table des matières

Chapitre 1. Introduction

1. Pourquoi cet ouvrage? ··· 2
2. Etudes françaises et éducation interculturelle ··· 4
3. Cadre de référence et objectifs détaillés ··· 6
4. Organisation du livre ··· 8
5. Composantes d'un chapitre ··· 10

Chapitre 2. Identité

1. Pluralité de l'identité ··· 17
2. Dynamique de formation identitaire ··· 21
3. Relativité de l'identité ··· 22
4. Réduction identitaire: ses effets ··· 25
5. Evolutivité de l'identité ··· 28
6. Résumé et applications à une situation d'interaction interculturelle ··· 31

Chapitre 3. Stéréotype et préjugé

1. Catégorisation, stéréotype et préjugé ··· 34
2. Altérité et tolérance ··· 41
3. Mécanisme de formation des stéréotypes et préjugés ··· 44
4. Conséquences des stéréotypes et préjugés ··· 49
5. Résistance des stéréotypes et préjugés ··· 53
6. Réciprocité des stéréotypes et préjugés ··· 57

Chapitre 4. Ethnocentrisme

1. Prisme culturel ··· 63

2. Regarder sa propre culture d'un point de vue extérieur ··· 69
3. Différences de perception selon les groupes culturels ··· 72
4. L'incompréhensible dans la culture de l'Autre ··· 75
5. Décentration pour une communication interculturelle réussie ··· 77

Chapitre 5. Confrontation des valeurs
1. L'interprétation des comportements selon les valeurs ··· 88
2. Exemples de confrontation des valeurs ··· 90
3. Divers facteurs de tensions et de conflits ··· 99

Chapitre 6. Diversité et société
1. Gestion de la diversité ··· 109
2. Une diversité irrépressible ··· 111
3. La reconnaissance d'un avenir commun ··· 114
4. Pluralité et enrichissement culturel ··· 116
5. Facteurs de cohésion au-delà des différences ··· 123

Chapitre 7. Conclusion / 130

Annexe Ⅰ: liste des descripteurs du CARAP exploités dans ce livre ··· 135
Annexe Ⅱ: liste des savoirs et des leçons interculturels ··· 139
Annexe Ⅲ: département d'études françaises et éducation interculturelle ··· 145

Bibliographie ··· 150

Index ··· 158

Table des matières en français ··· 160
Présentation du livre en français ··· 162

L'Éducation Interculturelle à l'Université
Une perspective offerte par les études françaises

Soyoung Yun－Roger

Présentation du livre

L'éducation interculturelle, pourquoi, pour qui?

De nos jours, l'intensification des échanges de toutes sortes, l'essor toujours croissant des mobilités et des flux migratoires font de la diversité culturelle un phénomène incontournable et semble－t－il irréversible: le pluralisme culturel doit être reconnu comme une réalité de nos sociétés modernes. L'un des enjeux majeurs dans une société marquée par une grande diversité culturelle consiste à « vivre ensemble avec nos différences ». Or, cette capacité à « vivre ensemble » dans un contexte de diversité culturelle n'est pas innée. Elle implique des attitudes, d'ouverture notamment, que chacun peut développer par un apprentissage adapté.

L'éducation interculturelle ambitionne précisément de contribuer à ce « vivre ensemble ». Nous pouvons la définir comme une éducation visant à former chaque individu à avoir des attitudes et des comportements adaptés dans les situations de communication interculturelle. On peut constater que dans cette définition, l'accent est clairement mis sur l'individu et non sur la culture. De la même manière, l'objectif visé est moins d'accumuler des connaissances culturelles concernant une 'culture spécifique' que de former chaque individu à une certaine attitude face à l'altérité culturelle. Ainsi définie, l'éducation interculturelle est une éducation sur les rapports humains, sur la socialisation des humains dans des contextes caractérisés par la diversité culturelle.

Admettons que dans l'histoire de l'humanité, il a toujours existé des contacts entre cultures. Ce qui est nouveau pourtant, c'est le nombre accru de tels contacts et leur banalisation. Une éducation sur la gestion de l'altérité culturelle s'impose donc à tous ceux qui vivent dans nos sociétés modernes. Cet ouvrage peut ainsi intéresser un large public, mais il s'adresse notamment aux étudiants coréens à l'Université, qui ne sont que trop peu, voire pas formés à la gestion de l'altérité culturelle pendant leur cursus scolaire avant d'intégrer l'enseignement supérieur. Or, il leur est primordial de se préparer à mieux gérer les rencontres interculturelles afin de devenir des acteurs sociaux complets, préparés aux nouvelles exigences de vies sociales et professionnelles de plus en plus marquées par la pluralité culturelle. Nous espérons sincèrement que cet ouvrage leur sera utile.

Soulignons cependant que cet ouvrage n'est pas exclusivement destiné aux étudiants coréens à l'Université, mais aussi aux enseignants souhaitant intégrer une composante interculturelle dans leurs cours habituels, ou bien créer un nouveau cours dédié à l'éducation interculturelle. Certes, il s'adresse prioritairement aux enseignants du supérieur, mais son contenu peut aussi intéresser les enseignants du secondaire.

Le choix d'une perspective: les études françaises

Nous venons de préciser que dans notre approche pour une éducation interculturelle, l'accent est clairement mis sur l'individu et non sur la culture, et que l'objectif visé est le développement d'attitudes et de comportements adaptés aux situations de communication interculturelle, et non l'accumulation de connaissances culturelles. Toutefois, cela ne revient pas à dire que la composante culturelle ne joue aucun rôle dans une éducation interculturelle. Bien au contraire, elle est indispensable, en tant qu'outil, pour mettre en œuvre efficacement une telle éducation. D'ailleurs, pour satisfaire l'exigence de 'l'interculturel', il est nécessaire de mettre en présence deux 'cultures' distinctes au moins. Pour cela, le choix qui semblerait le plus naturel et certainement le plus économique serait de commencer par choisir sa 'culture maternelle'. Ensuite, deux options sont possibles: soit recourir à plusieurs 'cultures étrangères' selon les besoins de l'argumentation, soit s'appuyer sur une seule 'culture étrangère' qui assure de façon privilégiée le rôle de miroir à la 'culture maternelle'. Dans cet ouvrage, nous avons opté pour cette dernière option, qui nous paraît offrir l'opportunité de traiter de façon bien plus approfondie les thèmes essentiels d'une éducation interculturelle qu'avec la première option, sans doute plus sensible aux écueils de la superficialité et de l'exotisme.

Pour cette 'autre culture', nous avons opté pour la 'culture française'. Un tel choix est motivé par de multiples raisons.

D'abord, les deux cultures en présence, la 'culture coréenne' et la 'culture française', sont suffisamment éloignées l'une de l'autre pour fournir des exemples pertinents permettant d'illustrer efficacement des thèmes majeurs de l'éducation interculturelle, comme l'ethnocentrisme, ou les stéréotypes et les préjugés. De plus, la société française nous fournit également beaucoup d'exemples concrets en matière de confrontation des systèmes de valeurs dans une société. En outre, la France est l'un des pays connus pour avoir su créer de nouvelles richesses à partir d'une grande diversité culturelle sur leur sol.

Ajoutons à cela le fait que la France, au moins depuis les années 70, se préoccupe sérieusement et activement de la question de la gestion de la diversité culturelle sur son territoire. Analyser ses trajectoires avec leurs succès et leurs échecs en termes de gestion interculturelle peut nous aider à mieux nous situer dans le processus de multiculturalisation de la société coréenne, et à mieux choisir la direction à prendre pour notre société actuellement en profonde mutation. Par exemple, la société française, devenue multiculturelle bien avant la nôtre, montre clairement que le processus de multiculturalisation est un processus irrépressible, et que cette diversité culturelle est une chose à laquelle il faut faire face, au lieu de la dénigrer, de la minimiser ou de l'ignorer.

Une autre raison, plus personnelle, est que la 'culture française' est celle que nous connaissons le mieux, à la fois en tant qu'observatrice de l'intérieur et de l'extérieur. En dernier lieu, on peut également citer l'attractivité de la culture française auprès des étudiants à l'Université, qui, par l'intérêt et la curiosité qu'elle suscite, en fait un instrument plus efficace pour soutenir l'enseignement interculturel.

Notre approche en termes d'éducation interculturelle consiste donc à exploiter de façon prioritaire les connaissances liées à la culture française, comme un outil au service de l'éducation interculturelle.

Pour désigner ces savoirs relatifs à la 'culture française', on pourra noter que nous avons choisi dans le titre de l'ouvrage l'expression 'études françaises' plutôt que 'culture française'. Nous avons en effet privilégié cette option, car l'emphase sur le terme 'culture française' aurait sans doute risqué d'induire le lecteur en erreur concernant notre propos, qui considère la culture non comme la finalité de notre enseignement, mais comme un outil au service de l'enseignement interculturel. Le choix de l'expression 'études françaises' doit être compris en ce sens.

Cadre de référence et objectifs

Chaque chapitre, hormis l'introduction et la conclusion, présente une liste d'objectifs détaillés en début de chapitre. Pour élaborer ces objectifs détaillés, nous avons recouru à un Cadre de référence spécifique, le Cadre de Référence pour les Approches Plurielles des Langues et des Cultures (désormais CARAP) rédigé par Candelier et als. (2012) et publié par le Conseil de l'Europe.

Voici la façon dont nous avons dérivé nos objectifs détaillés depuis le CARAP, en sélectionnant, en modifiant et en complétant les descripteurs initiaux du CARAP.

Premièrement, il est à noter que les descripteurs du CARAP sont organisés de façon hiérarchique, les descripteurs plus généraux et abstraits des niveaux supérieurs pouvant être détaillés par des descripteurs plus spécifiques et concrets aux niveaux inférieurs. Dans ce cas, nous avons privilégié l'utilisation des descripteurs concrets pour l'élaboration de nos objectifs. Par exemple, au lieu de choisir le descripteur « <A 13>: °° °Vouloir/être disposé à° s'adapter/Souplesse°° », nous avons privilégié un descripteur plus spécifique et concret « <A 13.1>: Volonté °d'adaptation/de souplesse° du comportement propre dans l'interaction avec des personnes °linguistiquement/culturellement° différentes de soi ».

Deuxièmement, plutôt que de prendre les descripteurs tels quels, nous les avons modifiés, en omettant les options proposées dans la formulation, encadrées du signe « ° », quand elles ne concernaient pas directement notre propos. Par exemple, dans le descripteur <A 13.1> cité ci-dessus, la partie concernant l'altérité linguistique, à savoir « personnes linguistiquement différentes de soi » a été omise, et seule la partie « souplesse du comportement propre dans l'interaction avec des personnes culturellement différentes de soi » a été retenue dans l'élaboration de nos objectifs détaillés. Inversement, les descripteurs existants du CARAP sont parfois complétés le cas échéant.

Troisièmement et dernièrement, dans les cas où nous n'avons pas trouvé de descripteur adéquat dans le CARAP, nous avons dû en introduire de nouveaux, comme par exemple « <SP3>: Comprendre le mécanisme de formation des stéréotypes et préjugés », qui figure parmi les objectifs du chapitre 3.

En bref, il est rare qu'un descripteur du CARAP soit repris tel quel dans notre ouvrage, ce qui n'enlève rien au rôle joué par le CARAP en tant que cadre de référence principal dans la définition des thématiques interculturelles, et dans l'élaboration des objectifs détaillés.

Composantes d'un chapitre

Objectifs détaillés

Les chapitres commencent par une présentation des objectifs sur les

« savoirs interculturels », sous la forme d'une liste avec un identifiant pour chaque thème, à l'instar des huit objectifs détaillés du chapitre 1 sur l'identité, de <I-1> à <I-8> (« I » représentant ici l'Identité) ; vient ensuite une remarque générale sur les « leçons interculturelles », invitant chacun à mettre en œuvre activement les savoirs interculturels du chapitre dans les situations de communication interculturelle rencontrées.

Boîtes à connaissance

Les encadrés présentent des savoirs concernant la 'culture française'. Ces savoirs culturels se distinguent des savoirs interculturels, également présents dans le chapitre. Les savoirs sur la 'culture française' ne constituent pas l'objectif d'apprentissage principal du point de vue de l'éducation interculturelle. Ils servent plutôt de moyen pour amener les lecteurs aux savoirs interculturels cibles.

Témoignages

Nombre d'apprenants ayant souligné leur intérêt pour les témoignages relatés par l'enseignant en classe, nous avons également inséré dans cet ouvrage quelques témoignages de nos propres expériences de situations de communication interculturelle, ou d'autres, dont nous avons croisé le chemin en France. Ces différentes voix fourniront au lecteur l'occasion de se questionner sur soi et ses propres expériences.

Cours en abyme

La plupart des chapitres comportent également quelques descriptions de cours que nous avons donnés sur l'éducation interculturelle. Ce procédé produit l'effet d'un 'cours en abyme', dans la mesure où, à l'instar d'un 'roman dans un roman', le récit de ces cours fonctionne comme un 'cours dans un cours'. Ces cours en abyme contribuent à ce que les lecteurs soient conduits aux savoirs et aux leçons interculturels du chapitre de façon moins monotone, les lecteurs étant invités à s'imaginer activement dans le rôle des apprenants (ou de l'enseignant) décrits dans les cours en abyme.

Savoirs et leçons interculturels

Dans chaque chapitre, les « savoirs interculturels » sont identifiés par le signe « ☑ », et les « leçons interculturelles » par le double signe « ☑☑ ». Les différentes composantes du chapitre précédemment présentées, telles que les boîtes à connaissance, les témoignages et les cours en abyme, sont toutes là pour amener le lecteur aux savoirs et aux leçons interculturels, qui constituent le coeur du chapitre.

Quiz et éléments de réponse

Les quiz invitent le lecteur à une réflexion plus poussée. Ils se distinguent des quiz traditionnels exigeant une seule bonne réponse. A la fin de chaque chapitre, on peut trouver les « éléments de réponse » aux questions posées, qui ne prétendent pas être les seules et uniques réponses possibles.

Organisation de l'ouvrage

Cet ouvrage comporte sept chapitres au total, qui s'articulent de la façon suivante. L'éducation interculturelle visant notamment à prévenir et à gérer les situations de malentendu ou de tension pouvant naître de contacts entre personnes de cultures différentes, trois chapitres sont consacrés à chacun des trois principaux obstacles potentiels pour une communication interculturelle, à savoir les stéréotypes et les préjugés dans le chapitre 3, l'ethnocentrisme dans le chapitre 4, et la confrontation des systèmes de valeurs dans le chapitre 5. Ces trois chapitres sont encadrés par deux chapitres portant sur une thématique plus générale, le chapitre 2 sur l'individu et l'identité et le chapitre 6 sur la société et la diversité. Enfin, ces chapitres sont à leur tour encadrés par deux autres chapitres, les chapitres 1 et 7, ouvrant et fermant l'ouvrage.

Le chapitre 2 vise à faire prendre conscience du caractère pluriel, composite, relatif et évolutif de l'identité de chacun, ainsi que du caractère dynamique de la construction identitaire.

Le chapitre 3 aborde la question des stéréotypes et des préjugés. Après avoir interrogé le rapport entre les stéréotypes, les préjugés et la catégorisation, le lecteur est invité à examiner les conséquences néfastes des stéréotypes et des préjugés, et leur processus de formation, avant de terminer par quelques propriétés les caractérisant, telles que leur résistance, même face à des contre-exemples évidents.

Dans le chapitre 4 sur l'ethnocentrisme, chacun est invité à prendre conscience du fait qu'il regarde et interprète la culture de l'Autre à travers son propre prisme culturel, souvent inconsciemment, et non dans le contexte culturel de l'Autre. Ce penchant naturel mérite d'être rappelé en situation de communication interculturelle.

Le chapitre 5, relatif à la confrontation des systèmes de valeurs, examine d'abord quelques cas de figures où les diversités ethniques ou religieuses semblent être sources de conflits entre différents groupes culturels, mais présente ensuite également des cas où les conflits inter-communautaires proviennent d'autres facteurs (sociaux, etc.).

Dans le chapitre 6, on vise à faire comprendre que la diversité culturelle peut non seulement générer des difficultés, mais également offrir l'opportunité de créer de nouvelles richesses au sein de la société. Nous passons également en revue quelques facteurs de cohésion, au-delà des différences, contribuant au « mieux vivre ensemble ».

Soulignons, pour conclure, que dans ces différents chapitres, une attention particulière est portée à ce que les concepts, objectifs et leçons interculturels, qui peuvent parfois sembler peu tangibles, soient toujours illustrés par des récits d'expériences vécues et des descriptions d'activités interculturelles menées en classe. Nous espérons ainsi mobiliser l'attention du lecteur, qui est invité à se projeter dans le rôle de l'apprenant, voire de l'enseignant. C'est par ces récits et ces activités que peut prendre naissance une véritable prise de conscience des enjeux d'une rencontre interculturelle et des conditions d'une communication interculturelle réussie.

저자 소개

저자 윤소영(Soyoung Yun-Roger)은 프랑스 파리 소르본 누벨-파리3대학(Sorbonne Nouvelle-Paris III)에서 언어학 학사(Licence), 석사(Maîtrise, D.E.A.), 박사(Doctorat) 학위를 취득하였다. 동 대학에서 수년 간 언어학과(Sciences du Langage) 학부 강의를 맡았으며, 이어 국립동양학대학(INALCO)에서 다년 간 외국어로서의 프랑스어 교육학과(Didactique du F.L.E.) 학부 및 대학원 강의, 그리고 한국학과의 학부 강의를 담당하였다. 최근 귀국하여 경희대, 고려대, 홍익대 강사를 역임한 후 현재 동덕여자대학교에서 연구 및 교육 활동에 전념하고 있다.

저서로는 프랑스어 집필 교재 <J'aime le coréen!, 2006>이 있고 프랑스 파리의 PLIDAM 언어-문화교육학 연구소 동료들과 공동으로 펴낸 학술편저로서 <Implicites-Stéréotypes-Imaginaires: la composante culturelle en langue étrangère, 2010>, <Didactique plurilingue et pluriculturelle: l'acteur en contexte mondialisé, 2012>, <La didactique plurilingue et pluriculturelle à l'épreuve du terrain éducatif: contraintes, résistances, tensions, 2014>, <Dispositifs éducatifs en contexte mondialisé et didactique plurilingue et pluriculturelle, 2014>가 있다.
최근의 관심 연구 분야는 통사론, 문법교육, 상호문화교육이다.

상호문화교육 및 다문화사회와 관련한 주요 학술논문으로는 <프랑스어 교육에 있어서 상호문화접근에 관하여, 2013>, <Comprendre une société multiculturelle à travers la société française(공동), 2014>, <Approche interculturelle dans le cours de culture française à l'Université, 2014> 등이 있다.

프랑스학에 기반을 둔
대학 상호문화교육

초판인쇄 2016년 3월 10일
초판발행 2016년 3월 15일

지은이 윤소영
펴낸이 안상준

편 집 전채린
기획/마케팅 이영조
표지디자인 조아라
제 작 우인도·고철민

펴낸곳 ㈜ 박영story
서울특별시 마포구 월드컵북로 400, 5층 2호(상암동, 문화콘텐츠센터)
등록 2014. 2. 12. 제2014-000009호

전 화 02)733-6771
f a x 02)736-4818
e-mail pys@pybook.co.kr
homepage www.pybook.co.kr
ISBN 979-11-87010-06-7 93370

정 가 14,000원

박영스토리는 박영사와 함께하는 브랜드입니다.